초고층

초고층
인간의 욕망과 기술의 전시장

초판 1쇄 펴낸날 | 2026년 1월 2일

지은이 | 정광량
펴낸이 | 고성환
펴낸곳 | (사)한국방송통신대학교출판문화원
　　　　(03088) 서울시 종로구 이화장길 54
　　　　전화 1644-1232
　　　　팩스 (02) 741-4570
　　　　홈페이지 https://press.knou.ac.kr
　　　　출판등록 1982년 6월 7일 제1-491호

출판위원장 | 박지호
편집 | 신경진
디자인 | 플랜티

ⓒ 정광량, 2026
ISBN 978-89-20-05493-8　03540

값 19,000원

- 잘못 만들어진 책은 바꾸어 드립니다.
- 이 책의 내용에 대한 무단 복제 및 전재를 금하며, 지은이와 (사)한국방송통신대학교 출판문화원 양쪽 모두의 허락 없이는 어떠한 방식으로든 2차적 저작물을 출판하거나 유포할 수 없습니다.

초고층

인간의 욕망과 기술의 전시장

SKYSCRAPERS

정광량 지음

지식의날개

성읍과 탑을 건설하여 그 탑 꼭대기를 하늘에 닿게 하여
우리 이름을 내고 온 지면에 흩어짐을 면하자 하였더니

(창세기 11장 4절)

그러므로 그 이름을 바벨이라 하니 이는 여호와께서
거기서 온 땅의 언어를 혼잡하게 하셨음이니라.
여호와께서 거기서 그들을 온 지면에 흩으셨더라.

(창세기 11장 9절)

프롤로그:
마천루가 전하는 메시지

도시는 언제부터 하늘을 바라보기 시작했을까. 인류는 오랜 세월 동안 땅 위를 넓히는 데 집중해 왔지만 어느 순간부터 방향이 바뀌었다. 수평으로 펼쳐지던 도시가 수직으로 솟아오르기 시작한 것이다. 그 배경에는 인구 밀집과 토지 비용 같은 현실적인 이유도 있었지만 그것만으로는 설명되지 않는 어떤 의지가 분명히 존재했다. 한계를 넘어서는 기술이 등장했고, 경제와 상징성의 경쟁이 촉발되었으며, 건물은 단순한 구조물을 넘어 도시의 욕망과 의지를 드러내는 '기호'가 되었다. 초고층은 그 기호가 만들어 낸 가장 극단적인 형태다.

사실 인류는 오래전부터 하늘을 향해 손을 뻗어 왔다. 바벨탑에서 피라미드까지 높이는 언제나 인간의 열망을 담아 온 그릇이었다. 중세 도시 산지미냐노에서는 귀족들이 탑의 높이로 가문의 힘을 드러냈고, 19세기 파리의 에펠탑은 철이라는 재료가 건축의 언어를 바꾸던 순간을 상징했다.

이처럼 높이는 시대마다 다른 방식으로 사용되었지만 언제나 '누가 더 위에 서 있는가'를 묻는 일종의 사회적 지표였다. 근대에 들어서면서 이 높이에 대한 감각은 도시의 중심으로 이동했다. 뉴욕의 엠파이어 스테이트 빌딩은 대공황 속에서도 하늘로 솟아오르며 고층 시대를 열었고, 시카고와 뉴욕은 서로 다른 구조 시스템을 앞세워 '세계 최고'라는 타이틀을 두고 경쟁했다. 이 경쟁이 격해질수록 사람들은 한 가지 사실과 마주하게 되었다. 높이란 단순한 숫자가 아니라 무엇을 기준으로 삼느냐에 따라 전혀 다른 결과를 만드는 개념이라는 점이다.

1990년대에 페트로나스 트윈 타워가 첨탑을 포함해 세계 최고층을 차지했을 때, 도시는 처음으로 '높이를 어떻게 정의해야 하는가'라는 질문 앞에 섰다. 그리고 부르즈 칼리파는 그 논쟁의 정점에서 기술·상징·경제 논리가 한데 얽힌 초고층 경쟁의 본질을 보여 주는 사례가 되었다.

이 짧은 역사만 보아도 알 수 있다. 높이는 그저 자랑거리가 아니라 시대가 가진 욕망과 기술이 만나는 지점이다. 이와 관련한 세부 내용은 이 책의 각 장에서 자세히 다룰 것이다. 프롤로그에서는 단지 이 사실만 기억하면 충분하다. 도시는 오래전부터 높이를 통해 스스로를 설명해 왔고, 그 선택 뒤에는 기술·정치·경제·욕망이 언제나 함께 있었다.

그런데 세계의 여러 도시가 앞다투어 더 높은 건물을 내세우는 동안, 높이라는 개념은 점점 더 모호해지기 시작했다. 각 도시가 서로 다른 기준을 들고 나와 '세계 최고층'을 주장했기 때문이다. 누군가는 첨탑까지 포함해 높이를 말했고, 다른 누군가는 사람이 실제 도달할 수 있는 층수를 기준으로 삼았다. 각자 자신에게 유리한 기준을 내세우자 '가장 높은 건물이 무엇인가'라는 질문은 더 이상 명확하게 답하기 어려운 문제가 되었다. 이 혼란은 한 가지 결론을 향해 우리를 이끌었다. 눈에 보이는 높이만으로는 건물의 순위를 정할 수 없다는 것이다. 어디까지를 건물로 볼 것인지, 첨탑을 구조로 인정할 것인지, 장식과 기능을 어떻게 구분할 것인지에 대한 합의가 필요했다.

이때 등장한 기관이 세계초고층도시건축학회CTBUH다. 여기서는 도시 간 경쟁을 객관적으로 정리하기 위해 건물의 높이를 세 가지 기준으로 명확히 구분했다.

첫째, 건축물 꼭대기 높이―설계된 첨탑까지 포함한 건축적 정상

둘째, 최고 사용 층 높이―사람이 실제로 오를 수 있는 최상층의 높이

셋째, 절대 최고점―안테나와 설비까지 포함한 건물이 닿는 가장 높은 지점

세계초고층도시건축학회는 세계 최고층을 논할 때 반드시 '어떤 기준으로' 높이를 판단했는지를 밝혀야 한다고 강조했다. 이때부터 높이는 단순한 기록 경쟁에서 벗어나 건물을 바라보는 관점과 철학의 문제로 확장되기 시작했다.

우리나라에도 기준이 있다. 건축법에서 고층건축물은 30층 이상이거나 높이 120미터 이상인 건물을, 초고층건축물은 50층 이상이거나 높이 200미터 이상인 건물을 의미한다. 그 사이 구간은 '준초고층'으로 분류된다. 그런데 실제로 도시를 보면 유독 49층짜리 아파트가 많은데 그 이유는 어렵지 않게 발견할 수 있다. 초고층에 해당하는 건물에는 30개 층마다 피난안전구역을 설치해야 하는데, 50층이 되면 이 규제가 적용되지만 49층이면 준초고층으로 분류되어 피난안전구역 설치 의무에서 벗어나기 때문이다. 수십 억의 공사비와 큰 면적이 오가는 지점에서 설계는 자연스럽게 '숫자'의 영향을 받는다. 규제가 나쁘다는 뜻이 아니라 숫자로 표현된 기준이 설계와 도시 풍경을 직접적으로 바꿔 놓는다는 것이다.

비슷한 일은 세계사에서도 반복되었다. 영국에서는 창문 수에 세금을 매기자 사람들이 창문을 벽돌로 막았고, 네덜란드에서는 건물의 정면 너비에 따라 세금을 부과하자 건물은 좁고 깊은 형태로 변했다. 세금 조항 한 줄이 도시의 풍경을 바꿔 놓은 것이다.

이들 사례는 한 가지 사실을 말해 준다. 건축은 기술만으로 결정되지 않는다. 법과 제도, 숫자와 규제가 형태를 만들고, 그 안에서 인간의 선택과 타협이 도시의 풍경을 완성해 왔다.

다시 처음의 질문으로 돌아가 보자. 높이의 경쟁은 종종 허영으로 오해되지만 실제로는 훨씬 복잡한 동기가 숨어 있다. 국가의 자존심, 인구 밀집의 압력, 토지 비용의 상승, 기업의 브랜드 전략, 기술의 진보, 그리고 불확실한 미래에 대한 불안까지. 마천루는 이렇게 다양한 요소가 뒤섞여 응축된 결과물이며, 그 자체로 경제·문화·정치의 구조를 드러내는 일종의 단면도다. 건축가와 구조기술사의 기록은 설계도와 구조 계산서에 남지만 도시의 욕망은 높이로 남는다.

하지만 높이는 단순한 숫자가 아니다. 하늘로 향하는 과정에는 바람의 힘과 재료의 한계, 구조 시스템의 균형, 건물 내부의 움직임까지 고려해야 하는 수많은 기술적 제약이 존재한다. 도면 위의 선 하나, 기둥의 위치, 코어의 두께와 형상, 아웃리거의 위치와 길이가 모두 이 제약과 타협한 결과다. 초고층은 인간의 욕망이 자연과 충돌하는 가장 물리적인 장이며, 동시에 기술의 진보가 가장 정확하게 드러나는 무대다. 이 무대에서 건축가는 상징을 설계하고, 구조기술사는 불확실한 자연을 예측하며, 도시계획자는 미래의 지형도를 그린다.

초고층을 바라보는 관점은 시대에 따라 달라져 왔다. 전통적인 마천루는 경제력을 과시하는 수단으로 활용되었지만, 현대의 초고층은 기후와 지속 가능성을 중심으로 재해석되고 있다. 탄소 배출, 에너지 소비, 도심 과밀과 같은 새로운 변수가 높이의 의미를 다시 묻고 있다. 도시는 더 높아질 수 있을까. 아니면 지금의 높이가 인류가 감당할 수 있는 한계일까. 이 질문은 단지 호기심의 문제가 아니라 앞으로 우리가 어떤 기술을 개발하고 어떤 도시를 선택할 것인지 결정하는 기준이 된다.

이 책은 그 질문에서 출발한다. 초고층은 건물의 높이를 말하는 동시에, 인간이 어떤 미래를 꿈꾸는지 보여 주는 지표이기도 하다. 한 나라가 어떤 시대를 지나고 있는지, 어떤 가치를 우선하는지, 어떤 기술을 축적했는지는 결국 도시의 스카이라인에서 드러난다. 따라서 초고층을 이해한다는 것은 단지 '높은 건물을 구경하는 일'이 아니라 인류가 어떤 방향으로 향하고 있는지 읽어 내는 과정이다.

지금까지 내가 30년 이상 건축구조기술사로 일하며 바라본 초고층의 세계는 늘 인간의 욕망과 기술이 만나는 경계에 있었다. 도시는 어느 시점부터 넓게 펼쳐지기보다 위로 솟아오르기 시작했고, 그 변화는 일반적인 경제 성장이나 기술 발전만으로 설명되지 않는다. 높이는 도시가 가진 의지의 크기이자 한 사회가 어디로 향하려는지 보여 주는 방향 감각에 가깝다. 나는 이 책을 통해 그 높이가 말하고 있는 메시지를, 기술자의 눈으로 보되 한 도시를 읽는 마음으로 천천히 해석해 보고자 했다.

세계 여러 도시의 스카이라인을 살펴보면 그곳에는 경제적 압력, 정치적 상징, 기술적 가능성, 인구 밀도의 긴장이 뒤엉켜 있다. 도시가 왜 높이를 선택했는지, 그 선택이 어떤 결과를 남겼는지는 단편적인 사례나 기록만으로 설명하기 어렵다. 그래서 1장에서는 세계의 도시가 초고층 경쟁에 뛰어들게 된 구조적 이유를 먼저 짚으려고 했다. 겉으로는 단순한 높이 경쟁처럼 보이지만, 실제로는 도시의 생존 전략이 서로 다른 방식으로 표출된 것이라는 점을 말하고 싶었다. 어떤 도시는 금융과 서비스 산업의 집적을 위해, 다른 도시는 국가적 상징을 위해, 또 다른 도시는 고밀도의 현실을 감당하기 위해 초고층을 선택했다. 그 선택의 배경을 이해하는 것이 초고층을 읽는 출발점이라고 생각했다.

초고층을 둘러싼 기술은 종종 잘못된 이해를 낳는다. 특히 구조 시스템은 몇몇 사건 이후 불필요한 오해를 감당해 왔다. 실제로는 구조 자체의 결함이 아니라 설계·시공·관리 단계에서 발생한 오차가 더 큰 원인이었던 경우가 많다. 그럼에도 기술 그 자체가 문제의 원인처럼 지목되는 모습을 여러 차례 목격했다. 그래서 2장에서는 무량판 구조를 중심으로 기술에 대한 일반적 오해를 바로잡고 싶었다. 초고층이 어떻게 서 있고, 어떤 조건에서 진짜 위험해지는지를 기술자의 눈으로 설명하려고 했다. 기술은 죄가 없다. 문제는 늘 기술을 사용하는 방식과 판단의 과정에서 생긴다는 점을 조용히 짚어 보고자 했다.

건물은 겉모습보다 내부 구조에서 이야기가 시작된다. 기둥과 코어, 아웃리거와 벨트 트러스가 어떻게 배치되느냐에 따라 건물의 성격이 바뀌고, 그 선택은 도시가 원하는 기능과 상징에 따라 변화해 왔다. 외관만 보고는 알 수 없는 결정이 내부에서 먼저 이루어진다. 이 흐름을 독자가 자연스럽게 따라갈 수 있도록 3장에서는 '빨간 기둥'과 같은 구조적 요소를 서사적으로 풀어보려고 했다. 왜 어떤 건물은 기둥을 드러내고, 다른 건물은 코어를 비틀고, 또 다른 건물은 구조를 의도적으로 노출하는가. 겉으로 드러나지 않는 결정이 어떻게 초고층의 생명을 지탱하는지, 그 구조적 언어를 차분히 번역해 보고자 했다.

한편, 초고층은 상업과 업무뿐만 아니라 주거의 방식을 완전히 바꿔 놓았다. 타워팰리스는 한국 도시가 초고층과 함께 어떤 생활 양식을 실험해 왔는지를 보여 주는 대표적인 사례다. 수직으로 쌓인 주거는 평면의 아파트 단지와는 전혀 다른 생활 리듬과 시선, 관계망을 만들어 냈다. 그래서 4장에서는 주거의 변화가 기술과 도시의 욕망과 어떤 관계를 맺어 왔는지 말하고 싶었다. 초고층은 고급 주거 상품일 뿐만 아니라 새로운 사회 구조를 형성한 하나의 장치이기도 했기 때문이다. 승강 시스템, 피난 계획, 진동과 소음, 프라이버시와 조망권 같은 요소가 어떻게 한 공간 안에서 충돌하고 조정되어 왔는지 살펴보고자 했다.

그러나 어떤 기술이라도 바람을 이길 수 없다면 초고층은 서 있을 수 없다. 바람은 초고층의 가장 근본적인 적이면서 동시에 설계의 가장 큰 기준이 된다. 풍동 실험, 형태 변화, 코너 디자인, 개구부 구조 등 우리가 하늘로 건물을 올리기 위해 반복해 온 선택의 이면에는 언제나 바람과의 계산이 있었다. 5장에서 나는 높이에 도달한 건물의 몸짓을 이해하려면 바람과의 관계를 먼저 읽어야 한다는 생각을 풀어 보고자 했다. 바람을 어떻게 피하고, 받아들이고, 흘려보내야 하는지에 따라 건물의 형태와 구조는 완전히 달라졌다.

그런데 높이는 결국 재료가 허락하는 만큼만 가능하다. 강도가 더 높은 재료가 등장하면 한 층이 늘어나고, 경제성과 시공성, 내구성과 환경성을 동시에 고려해야 하는 시대에 새로운 재료는 또 다른 고민을 남긴다. 그래서 6장에서는 콘크리트와 철강, 복합재료의 진화를 따라가며 '우리가 앞으로 더 높아질 수 있는가?'라는 질문을 던지고 싶었다. 재료는 늘 조용히 한계를 말해 왔고, 그 한계를 조금씩 넓혀 온 것이 초고층의 역사였기 때문이다.

하지만 높이는 기술만으로 세워지지 않는다. 도시는 초고층을 통해 자신을 표현한다. 국가, 기업, 도시의 정체성은 건물의 형태 속에 자연스럽게 배어 있다. 어떤 도시는 곡선을 선택하고, 다른 도시는 각을 세우며, 또 다른 도시는 특이한 비례와 상징을 통해 도시의 서사를 외벽에 새긴다. 7장에서는 초고층이 가진 상징의 힘을 설명하며, 도시가 왜 특정한 형태를 선택했는지 그 배경을 살펴보고자 했다. 건축은 결국 외형으로 도시의 메시지를 말하는 언어이기 때문이다. 같은 높이라도 형태와 맥락에 따라 전하는 의미는 완전히 달라진다.

그리고 초고층이 가능해진 배경에는 우리가 쉽게 보지 못하는 기술이 있다. 엘리베이터, 기둥 축소, 공조 시스템, 커튼월과 더블스킨 구조, 스카이브릿지, BMU 등 수많은 기술이 서로 연결되어 하나의 건물을 안정적으로 지탱한다. 8장에서는 이들 기술이 어떤 원리로 작동하고 서로를 어떻게 보완하는지, 지나치게 전문적인 언어를 벗어나 가능한 한 서사적으로 풀어 보고자 했다. 거대한 건물은 하나의 기술로 세워지지 않는다. 수많은 기술이 조용히 협력한 결과, 건물은 비로소 도시의 하늘에 설 수 있다.

초고층의 역사는 늘 성공만으로 이루어지지 않는다. 문제와 실패,

무산된 프로젝트, 중단된 계획은 오히려 더 많은 것을 말해 준다. 구조적 결함, 경제적 한계, 정책의 변화, 예측하지 못한 위험은 언제나 높이의 역사 곁을 따라다녔다. 9장에서는 그런 숨겨진 이야기를 통해 초고층이 남긴 교훈과 기술 기준의 변화가 어떻게 쌓여 왔는지 기록하려고 했다. 높이라는 시도는 언제나 리스크를 동반했고, 그 리스크를 이해해야만 다음 시대의 초고층이 존재할 수 있기 때문이다.

마지막 10장에서는 실현되지 못한 초고층, 언빌트^{Unbuilt}의 세계를 이야기했다. 도면과 모형으로만 존재하다 사라진 건물, 한때는 도시의 미래처럼 소개되었다가 조용히 중단된 프로젝트. 실패한 꿈 속에도 시대의 욕망과 한계는 선명하게 남는다. 도시가 어떤 미래를 상상했고, 어떤 지점에서 멈출 수밖에 없었는지를 이 장을 통해 독자에게 조용히 보여 주고 싶었다. 세상에 서지 못한 건물도 도시의 역사에 포함되어야 한다고 생각했기 때문이다.

결국 초고층을 이해한다는 것은 단순히 건물의 높이를 분석하는 일이 아니다. 건물이 서 있는 도시, 도시가 걸어온 역사, 역사 속에서 선택된 기술과 형태를 함께 읽어 내야 한다. 마천루는 도시의 욕망이 압축된 형태이며, 기술과 자연이 타협을 본 결과물이기도 하다. 나는 이 책을 통해 독자가 초고층을 새로운 시선으로 바라보기를 기대한다. 높이를 바라볼 때, 그 안에서 도시가 지금까지 무엇을 말해 왔는지, 그리고 앞으로 무엇을 말하게 될지 스스로 해석할 수 있는 감각을 얻기를 바란다.

마천루는 우리에게 계속 말하고 있다. 그 말은 화려한 조명과 유리 커튼월 뒤에 숨겨져 있지만, 기술과 자연의 균형에 대한 정확한 이해가 없다면 들리지 않는다. 초고층을 바라보는 올바른 시선은 감탄에서 시작할 수 있지만 반드시 질문으로 이어져야 한다. 도시는 왜 높이를 선택했는가. 그 선택의 비용은 무엇인가. 기술은 어디까지 높이를 허락할 것인가. 그리고 앞으로 우리는 어떤 스카이라인 위에서 살아갈 것인가. 이 책은 이런 질문의 답을 조금씩 좇아가는 하나의 여정이다.

차례 SKYSCRAPERS

프롤로그: 마천루가 전하는 메시지 _ 5

1장 세계 도시의 초고층 경쟁 _ 19
미국, 높이의 시절들 | 중국 하늘을 향해 뻗은 숫자 '8' | 말레이시아 두 개의 수직으로 떠오르다 | 대만, 흔들리는 땅 위의 황금 구슬 | 두바이 하늘에 새긴 가장 높은 야망 | 중동의 자존심, 천 미터 위의 약속 | 러시아의 수직 유산 라흐타 센터 | 건물 안의 도시, 도시 안의 건축: 일본 | 런던, 곡선으로 도시의 표정을 다시 쓰다

2장 무량판(無樑板)은 죄가 없다: 더샵센텀스타, 해운대 아이파크 _ 71
무량판의 실패 | 무량판의 성공 | 무량판 초고층 주거의 탄생

3장 빨강색 기둥의 정체: 여의도 파크원 _ 85
여의도의 강렬한 빨강 | 하이테크 건축의 거장, 리처드 로저스 | 빛, 공간, 자연이 만난 도심 속 미래형 백화점 | 초고층의 유일한 상수, 구조설계

4장 스카이하이 리빙: 타워팰리스 _ 107
초고층 주상복합의 등장 | 세계에서 가장 높은 꿈을 그린 건축가 | 트럼프가 만든 '고급 주거'의 공식

5장 바람을 이기는 기술: 송도 포스코 타워 _ 121
바람이 바꾼 디자인 | 용도가 바꾼 디자인 | 기술로 지탱하는 초고층

6장 높이의 시대, 그 재료는? _ 141

철골 vs 콘크리트: 초고층 건물을 떠받치는 뼈와 근육 | 콘크리트 발전의 시작 | 초고층 콘크리트의 선택: 해운대 LCT | 건설 장소에 따른 재료의 선택: 베트남 하노이 랜드마크 72 | 콘크리트, 구조를 넘어 미학으로: 종로 트윈 트리

7장 도시는 상징을 원한다 _ 161

철골이 만든 도시의 상징: 에펠탑 | 도쿄는 왜 두 개의 타워를 가졌는가? | 도시의 정체성을 담은 아이콘 | 도시의 운명을 바꾼 건축: 청라시티타워 | 아이콘의 본질은 어디에 있는가?

8장 기술의 전시장 _ 175

도시를 움직이는 보이지 않는 심장: 엘리베이터 | 기둥이 줄어든다: 기둥 축소 | 건물의 숨결을 이용하다: 굴뚝 효과 | 피부처럼, 두 겹의 벽처럼: 커튼월과 더블스킨 구조 | 하늘 위를 걷다: 스카이브릿지 | 하늘 위의 손: 창 닦는 기술 BMU

9장 마천루의 숨은 이야기 _ 205

설계자, 건축 양식, 예기치 못한 연결고리: 월드 트레이드 센터 | 무너진 대리석, 다시 건축이 되다: 시카고 에이온 센터 | 세계에서 가장 높은 빌딩: 부르즈 칼리파 | 공중에 떠 있는 마천루: 시티콥 센터 | 건물보다 유명한 사진 한 장: 록펠러 센터 | 초고층을 맨손으로 오르는 남자, 거미손 '알랭 로베르' | 수많은 디자인 변경 끝에 탄생하다: 롯데월드타워 | 다른 해석으로 달라진 디자인: 상하이 세계금융센터 | 큰 바지 건물: 중국 CCTV 본사

10장 사라진 디자인: 언빌트(Unbuilt) _ 247

완공되지 못한 서울의 문, '천년의 문' | 151층에 닿지 못한 꿈: 인천타워 | 멈춰 선 미래의 중심: 용산서울코어 | 서울의 더 나은 미래를 꿈꾸다: GBC | 부산 바다를 품은 초고층의 꿈 | 유령이 된 마천루, 톈진 117 빌딩

에필로그: 지속 가능한 초고층의 미래 _ 271
감사의 말 _ 277
기타 건축구조 용어 _ 279

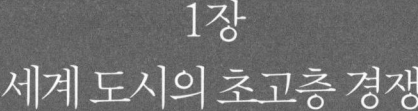

1장
세계 도시의 초고층 경쟁

SKYSCRAPERS

엠파이어 스테이트 빌딩
©HEENAL

미국, 높이의 시절들

엠파이어 스테이트 빌딩은 뉴욕의 중심에 우뚝 서 있다. 처음부터 그랬던 것은 아니다. 건물 하나가 도시의 상징이 된다는 것은 오랜 시간과 수많은 이야기를 거쳐야 가능한 일이다. 이 건물이 지어진 때는 1930년, 대공황이 미국을 덮치고 있던 시기였다. 실업자는 날마다 늘어났고 거리의 분위기는 침체되어 있었다. 그런데 바로 그 시기에 뉴욕 한복판에 세계에서 가장 높은 건물을 짓겠다는 계획이 세워졌다. 그런 까닭에 완공 후 수년 동안 공실이 많아서 '빈 건물'이라는 별명이 붙기도 했다. 왜 하필 그때였을까. 그 건물은 왜 하늘을 향해 솟아야만 했을까. 절망의 시대에도 도시는 위를 바라보았다. 높이는 단지 수치가 아니라 생존의 방식이었다.

이 프로젝트는 많은 사람에게 무모한 도전으로 여겨졌다. 그러나 계획은 멈추지 않았고 오히려 믿기 어려울 만큼 빠르게 진행되었다. 1929년 9월에 건축가와 계약 사인을 한 후 1931년 5월 완공될 때까지 불과 20개월이 걸렸다. 착공부터 완공까지 걸린 시간은 단 410일이다. 지금의 기준으로 보아도 놀라운 속도다. 이처럼 짧은 공사 기간이 가능했던 이유는 명확하다. 당대의 최신 기술이 총동원되었고, 자재는 최대한 규격화되었으며, 수직 상승 공정은 철저히 분리되어 동시에 진행되도록 설계되었다. 공장에서 사전 제작된 철골 부재는 하루 평균 4.5층씩 설치되었다. 구조적 효율성과 공정 계획이 정밀하게 맞물린 결과다.

건물의 높이는 391미터이며 이후에 설치된 안테나까지 포함하면 총 443.2미터에 이른다. 이 수치는 세계초고층도시건축학회 기준으로 보면 현재 세계에서 55위에 해당하는 높이지만 당시로서는 명백히 세계 최고였다. 이 건물은 1970년대까지 약 40년 가까이 세계 최고층 타이틀을 유지해 왔다.

하지만 엠파이어 스테이트 빌딩의 진짜 가치는 숫자에 있지 않다. 이 건물은 단순히 '높은 건물'이 아니라 뉴욕이라는 도시의 정신을 시각화한 구조물이다. 설계를 맡은 윌리엄 F. 램Wiliam F. Lamb은 이 건물이 크라이슬러 빌딩보다 더 높아야 할 뿐만 아니라 더 실용적이어야 한다는 점을 강조했다. 초고층이 되기 위해서는 단지 높이 올라가는 것만으로는 충분하지 않다. 올라간 만큼 내부 공간도 효율적으로 구성되어야 한다. 엠파이어 스테이트 빌딩은 철저히 대규모 사무소 공간을 위한 구조와 평면으로 설계되었다. 엘리베이터는 수직 존 2개로 나뉘어 속도와 수용 능력을 확보했고, 넓은 오픈 스페이스가 가능하도록 코어와 기둥을 배치하여 기업 입주에 유리한 구조였다.

그렇게 엠파이어 스테이트 빌딩은 완공된 순간부터 일반적인 건축물이 아닌 '기호'嗜好가 되었다. 경제 회복을 상징하고 도시의 자존심을 대변하며, 실업자에게는 일자리를 제공한 결과물이자 도시의 미래를 위한 투자였다. 1950년대에 접어들며 미국 경제가 본격적으로 회복세에 들어서자, 이 건물은 상업적 기능을 극대화하며 뉴욕의 핵심 자산이 되었다. 기업이 입주하고 관광객이 몰리기 시작했다.

건물은 기능으로 시작하지만 기억으로 완성된다. 1933년, 영화 〈킹콩〉에서 괴수가 꼭대기에 올라가는 장면이 전 세계적으로 회자되면서 이 건물은 대중문화 속의 '뉴욕' 그 자체가 되었다. 지금도 86층과 102층에 위치한 전망대는 뉴욕을 찾은 사람들이 반드시 들르는 장소다. 수많은 연인이 이곳에서 프로포즈를 했고 그 순간을 사진으로 남겼다. 높이는 여전히 경쟁 중이지만 상징성은 누구도 넘을 수 없는 수준이 되었다.

최근 엠파이어 스테이트 빌딩은 또 한 번 진화하고 있다. 에너지 효율을 높이고 지속 가능성을 확보하기 위한 리모델링이 진행된 것이다. 창호를 교체하고, HVAC 시스템을 업그레이드하는 등 건물의 '숨결' 자체를 다시 설계한 결과다. 과거의 상징이 미래의 기준으로 다시 태어나고 있다.

엠파이어 스테이트 빌딩은 더 이상 '세계에서 가장 높은 건물'이 아니다. 미국 내에서도 현재 순위는 아홉 번째다. 그러나 상징성만큼은 여전히 뉴욕 한복판에서 가장 단단하다. 기술과 야망, 절망과 회복이 하나로 응축된 구조물이다. 도시가 어떻게 건축을 통해 자신의 이야기를 세상에 전할 수 있는지를 보여 주는 결정적 증거다.

그리고 이제 뉴욕의 하늘은 다시 한번 건축을 통해 자신을 정의해야 하는 순간을 맞이했다. 이번에는 '가장 높은 건물'이 아니라 가장 아픈 자리에서 시작된 건물이다. 엠파이어 스테이트 빌딩과 같은 뉴욕 맨해튼 한복판에 위치한 원 월드 트레이드 센터는 현재 세계에서 일곱 번째로 높은 건물이고, 미국에서는 가장 높다. 높이는 541.3미터이며, 피트로 환산하면 정확히 1,776피트이다. 이 숫자는 미국 독립선언서가 서명된 1776년을 상징한다. 건물의 높이조차 '이 건물은 국가 그 자체를 상징한다.'라는 메시지를 담고 있는 셈이다. 하지만 이 건물의 시작은 찬란한 야망에서 비롯된 것이 아니다. 그 출발은 잿더미였다. 2001년 9월 11일, 뉴욕 맨해튼 남쪽에 있던 쌍둥이 빌딩이 붕괴되었다. 그 이후 남은 것은 단 하나의 질문뿐이었다.

'다시 세울 것인가, 아닌가.'

파괴는 눈앞에서 순식간에 일어나지만, 회복은 오랜 시간과 강한 의지를 필요로 한다. 원 월드 트레이드 센터는 이 질문에 대한 뉴욕의 대답이다. 역사상 최악의 테러가 발생한 그 자리에, 가장 강하고 안전하며 의미 있는 건물을 다시 세우겠다는 선언이었다. 초기 설계는 건축가 다니엘 리베스킨트Daniel Libeskind가 맡았다. 그러나 부동산 개발업자 래리 실버스타인의 요구사항과 여러 현실적인 조건을 반영하는 과정에서 설계가 수차례 수정되었다. 최종 설계는 세계적인 건축설계사 SOMSkidmore, Owings & Merrill의 데이비드 차일즈David Childs가 맡아 완성했다. 그가 내세운 가장 중요한 원칙은 단 하나, 안전이었다.

원 월드 트레이드 센터는 테러 이후의 세계에서 요구하는 모든 보안 요소를 반영해 설계된 건물이다. 건물은 도로에서 일정 거리를 두고 배치되었으며, 저층부는 철근 콘크리트로 구성된 거대한 방호 벽체로 보호되었다. 내부 코어에는 계단실과 엘리베이터 샤프트를 감싸

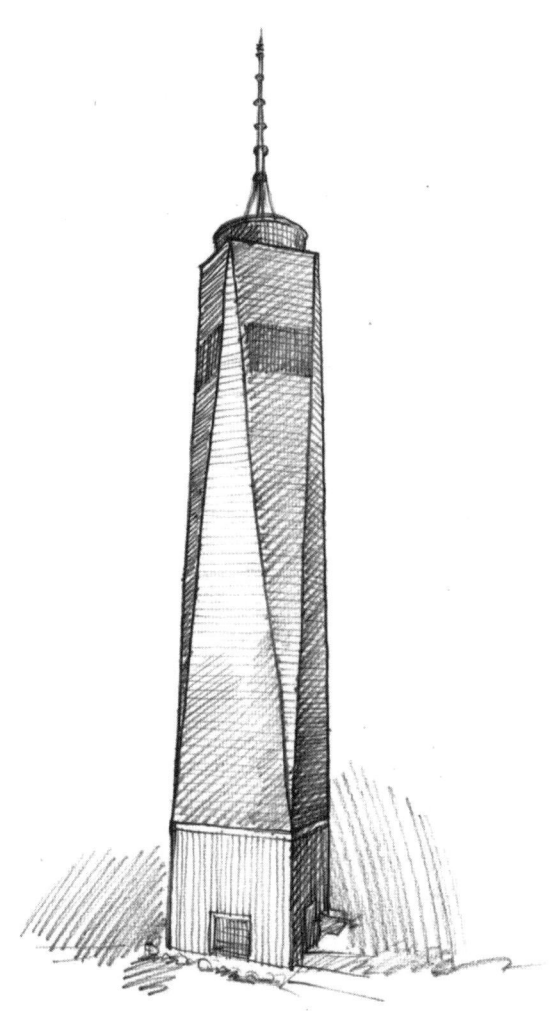

원 월드 트레이드 센터
ⓒHEENAL

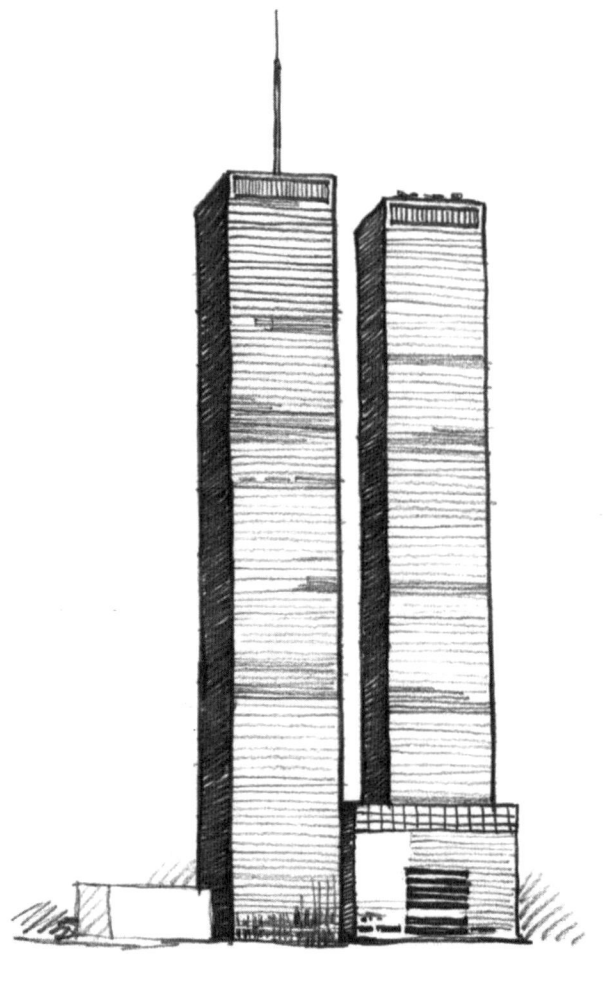

월드 트레이드 센터
ⓒHEENAL

는 91센티미터 두께의 콘크리트 벽체가 설치되었다. 이는 구조적 안전성과 함께 비상 상황 시 피난 경로 확보를 동시에 고려한 설계다. 환기 시스템 또한 일반적인 건물과 다르다. 생물학적 공격을 대비해 고성능 필터가 적용되었으며, 필요 시 외부 공기를 차단하고 내부 공기만으로 순환할 수 있는 비상 공기 흐름 제어 시스템이 구축되었다. 이 모든 시스템은 '어떤 위기에도 무너지지 않는 건물'을 실현하기 위한 기반이다.

외관은 단순하고 우아하다. 유리로 덮인 파사드는 빛과 그림자를 반사하며 하늘과 하나가 된다. 평면은 정사각형에서 시작해 위로 갈수록 점차 팔각형으로 변화하다가, 다시 꼭대기에서 사각형으로 돌아오는 독특한 형태다. 건물의 단면 변화 자체가 기억에서 회복으로, 그리고 미래로 나아가는 도시의 궤적처럼 느껴진다.

이전의 쌍둥이 빌딩, 월드 트레이드 센터는 높이 417미터로 1970년대 초 당시 세계에서 가장 높은 건물로 완공되었다. 설계는 일본계 미국인 건축가 야마사키 미노루Minoru Yamasaki가 맡았다. 110층으로 구성된 두 개의 타워는 당시로서는 획기적인 구조 시스템을 도입한 초고층 건물이었다. 특히 튜브 프레임 구조 시스템은 건물 외주 프레임 자체가 하중을 견디는 방식으로, 지진하중과 풍하중에 효과적으로 대응할 수 있다. 그리고 창문 폭은 46센티미터로 비교적 좁게 설계되었다. 이는 설계자인 야마사키의 고소공포증 때문이기도 했으며, 실내 입주자에게 심리적 안정감을 주기 위한 치수였다.

외관은 미니멀하고 직선적인 패턴으로 마감되었으며, 당시로서는 혁신적인 넓은 개방형 평면을 구현해 구조에서 상업적 효율성도 확보했다. 하지만 이 건물은 도시적 미학의 관점에서는 지나치게 단순하다는 비판을 받기도 했다. 일부에서는 맨해튼 남쪽 지역의 도시 맥락과 조화를 이루지 못했다고 지적했다. 하지만 이런 논란조차 이 건물의 상징성을 흔들 수는 없었다. 그리고 2001년 9월 11일, 그 상징은 불길 속에 무너졌다. 붕괴는 단순한 사고가 아닌 사건이었다. 이후 초고층 건물의 보안 설계, 구조 기준, 피난 계획 전반을 다시 점검하게 만든 계기였다.

상실은 땅을 비우지만 그 위에 세워지는 것은 다시 희망이어야 한다. 오늘날 원 월드 트레이드 센터는 그때보다 더 강하고, 더 복합적이며, 더 의미 있는 공간으로 재탄생한 건축물이다. 내부는 최첨단 사무 공간으로 구성되어 있으며, 세계 유수의 기업이 입주해 있다. 이 건물은 단순한 재건축이 아니다. 과거의 비극을 품고, 미래를 향해 나아가는 도시의 의지 그 자체다. 그래서 이 건물은 높이로 기억되는 것이 아니라 그 자리에 다시 세워졌다는 사실로 기억된다.

엠파이어 스테이트 빌딩이 뉴욕의 자존심이라면, 시어스 타워는 시카고의 야망이다. 1974년, 이 건물이 완공되었을 당시 세계는 '높이의 새로운 기준'을 마주했다. 지상 108층, 높이 442.1미터로 이는 엠파이어 스테이트 빌딩을 훌쩍 뛰어넘는 수준이었다. 그 순간 시카고는 단번에 세계 초고층 건축의 중심에 선 도시가 되었다. 그렇다면 이 거대한 마천루의 탄생을 가능하게 한 인물은 누구였을까?

건축가 브루스 그레이엄과 함께 설계자로 이름을 올린 사람은 바로 구조기술자 파즐러 라만 칸Fazlur Rahman Khan이다. 그는 초고층 건축물의 방향을 근본적으로 바꾼 인물이다. 칸은 1929년에 방글라데시 다카에서 태어났다. 토목공학을 전공하여 1952년에 풀브라이트 장학생으로 미국 유학길에 올랐고, 일리노이대학교에서 구조공학 박사학위를 취득했다. 그의 탁월한 재능은 곧 여러 유수 기업의 제안으로 이어졌다. 그는 그중 세계적인 건축설계사 SOM을 선택했다. 다른 회사들이 단순한 분석 업무부터 시작하라는 조건을 제시한 반면, SOM은 입사 직후 다리 7개를 총괄하는 현장 프로젝트에 바로 투입할 수 있는 기회를 제공했다. 그는 이렇게 말했다. "이런 기회가 없으면 인생은 발전이 없다. 이런 기회가 오면 반드시 붙잡아야 한다."

그가 시어스 타워에 도입한 구조 시스템은 당시로서는 혁명적인 방식이었다. 바로 튜브 구조 시스템Tube Structural System이다. 그는 이렇게 질문했다. '왜 건물은 내부에 기둥을 세워야만 하나? 건물 외곽이 스스로를 지탱할 수는 없을까?' 기존의 초고층 건물은 강풍에 저항하기 위해 막대한 양의 강철이 필요했다. 그만큼 건축비도 상승할 수밖에 없었다. 칸은 해답을 건물 외벽에서 찾았다. 외벽 자체를 하나의 거대한 튜브처럼 설계해 하중을 분산시키고, 내부 기둥을 최소화하면서도 구조적 강성을 확보한 방식이다. 이 방식은 이후 초고층 건축의 표준이 되었다.

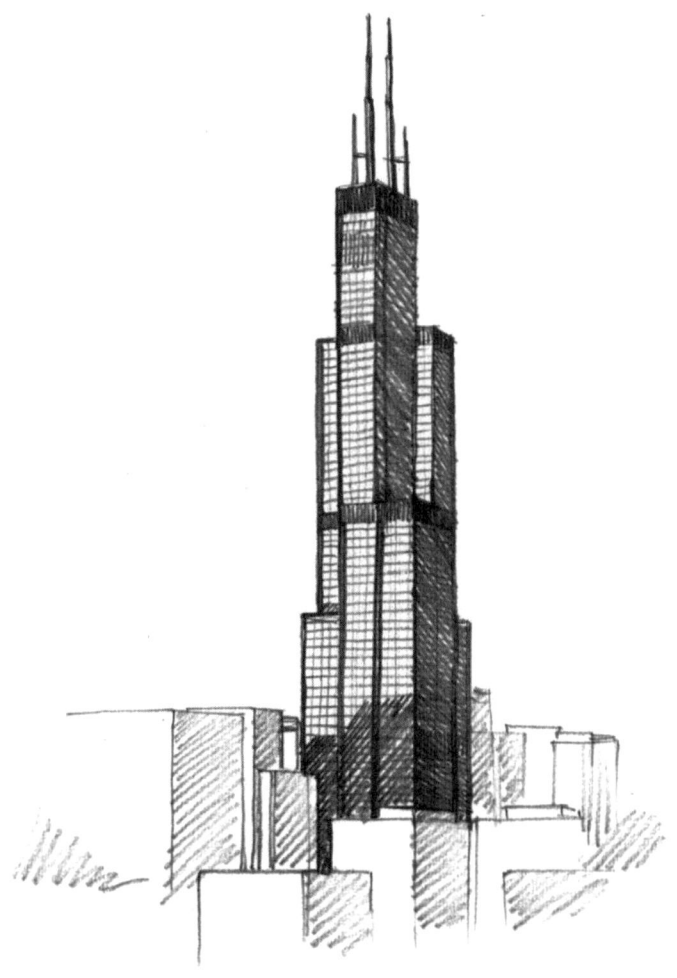

시어스 타워
©HEENAL

시어스 타워에서 그는 또 하나의 실험을 시도했다. 독립된 튜브 9개를 묶는 구조를 도입하고, 각 튜브의 높이를 다르게 설계해 위로 갈수록 좁아지는 형태를 완성했다. 마치 고무줄로 묶은 연필 다발처럼 건물은 점점 가늘어지며 하늘을 찔렀고, 바람의 압력은 자연스럽게 분산될 수 있도록 설계되었다. 그의 설계는 단지 구조적 효율성만을 고려한 것이 아니었다. 내부는 기둥 없는 넓은 공간으로 구성되어 사무실마다 유연한 배치가 가능했으며, 층별로 임대 수요에 따라 공간 구성을 조정할 수 있어 실용성이 뛰어났다. 무엇보다도 강재 사용량을 획기적으로 줄일 수 있었다. 건축 면적 1제곱피트당 33파운드의 철강만으로 구조를 완성했고, 건설비가 총 1,000만 달러 절감되었다. 그는 효율성, 안정성, 경제성을 동시에 충족시킨 구조를 구현한 인물이다. 1970년대에는 세계 고층 빌딩의 약 80퍼센트가 이 구조 방식을 채택했다. 홍콩의 뱅크 오브 차이나 타워, 말레이시아의 페트로나스 트윈 타워 역시 칸의 아이디어에서 출발한 건물이다. 그는 이렇게 말했다. "건축의 미래는 단순히 높이를 올리는 데 있지 않다. 그 높이 안에 어떻게 '사람'을 담을 것인가에 달려 있다."

그는 자신을 기술자가 아니라 '사람과 구조 사이의 관계를 고민하는 철학자'로 여겼다. 1982년, 그는 하지 공항 터미널 프로젝트를 위해 사우디아라비아를 방문하던 중 심장마비로 세상을 떠났다. 짧은 생애였지만 그가 남긴 발자취는 지금도 도시의 스카이라인 곳곳에서 살아 숨 쉬고 있다. 그를 기리는 방식은 특별하다. 시카고시는 시어스 타워 앞 도로를 '파즐러 R. 칸 웨이'Fazlur R. Khan Way'로 명명했다. 기업 이름이 아니라 구조기술자의 이름을 거리 이름으로 남긴 것이다. 이것은 단순한 헌정이 아니다. 도시가 그를 기억하는 방식이다.

시어스 타워는 2009년에 글로벌 보험사 윌리스 그룹이 입주하면서 '윌리스 타워'로 이름이 바뀌었다. 그러나 그 구조와 철학은 여전히 시카고를 지탱하는 힘이다. 건물의 스카이데크에는 칸을 기리는 부조가 설치되어 있다. 관광객은 그곳에서 도시의 정신을 만든 한 사람의 흔적을 마주한다. 그는 세계 초고층 건축의 규칙을 다시 쓴 인물이다. 그리고 그 규칙 속에 '사람'을 중심에 둔 구조를 설계한 기술자이자 철학자였다.

> "더 높이 올리는 법은 이미 알려져 있다.
> 이제는 어떻게 하면 더 효율적으로,
> 더 안전하게 올릴 수 있을지를 고민해야 한다."
> ― 파즐러 라만 칸

중국 하늘을 향해 뻗은 숫자 '8'

중국에서 초고층 건물은 곧 문화이자 도시의 상징이며, 세계를 향해 자신을 드러내는 선언이기도 하다. 그런데 중국의 초고층을 제대로 이해하기 위해서는 먼저 '숫자'를 이해해야 한다. 유독 중국에 88층짜리 건물이 많은 이유도 바로 그 숫자에 담긴 의미 때문이다.

중국어에서 숫자 8은 '팔八, bā'로 발음되는데, 이는 '돈을 벌다'라는 뜻의 '파차이发财, fācái'와 유사해서 오래전부터 재물과 행운의 상징으로 여겨져 왔다. 그래서 8층, 18층, 88층처럼 숫자 8이 들어간 층수는 상서로운 미래에 대한 기원이자 번영을 바라는 마음이 투영된 결과물이다. 하늘에 닿을 듯 솟아오르는 초고층일수록 사람들은 더 길한 숫자를 기대하고, 상징적인 의미를 구조물에 투영하고자 한다. 반면 숫자 4는 죽음을 뜻하는 '사死, sǐ'와 발음이 같다는 이유로 꺼려진다. 이런 인식은 실제 건물에도 반영되어, 건물에 4층, 14층, 44층은 물론이고 40번대 전체를 생략하는 경우도 존재한다. 겉보기에는 88층짜리 건물이라 해도 실질적으로는 70층에도 못 미치는 경우가 생기는 이유다. 건축에서조차 숫자는 현실을 가공하고 조정하는 도구가 되며, 그 자체로 하나의 문화적 해석이 된다. 이런 현상은 비합리적인 태도가 아니라, 숫자에 의미를 부여하고 상징을 중시하는 중국 특유의 문화적 방식이다. 숫자는 중국 초고층 건축에서 실용성과 함께 정신적인 질서와 기원의 언어로 기능한다.

 이런 상징의 세계에서 상하이 진마오 타워는 중국 초고층 건축에서 하나의 출발점이었다. 1990년에 덩샤오핑은 상하이를 방문해 푸동 지역을 중국의 금융 중심지로 만들겠다는 선언을 남겼고, 그 선언은 단순한 정치적 구호를 넘어 실제 도시 공간 속에 실현되기 시작했다. 이어지는 대규모 개발과 인프라 정비 속에서 푸동 신구를 상징할 첫 번째 구조물이 필요했고, 그 결과 1999년에 진마오 타워가 완공되었다. 이 건물은 상하이 푸동의 스카이라인을 처음으로 바꾼 초고층 건물이며, 중국이 세계 도시에 보여 준 첫 번째 '수직적 야망'이었다.

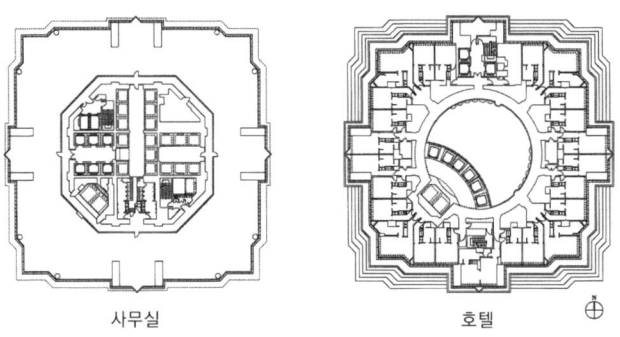

진마오 타워의 평면 구조

진마오 타워는 88층으로 구성된 건물이다. 기둥은 8개, 코어는 팔각형, 외관은 대나무 마디처럼 층마다 8분의 1씩 줄어드는 형태로 설계되었다. 하나의 숫자, '8'이라는 기호가 건물 전체의 구조와 상징을 지배하는 방식이다. 설계는 미국의 건축설계사 SOM이 맡았다. 중국 전통의 불탑에서 영감을 받은 테이퍼드tapered 실루엣 위에 현대적인 구조 기술이 결합되었고, 알루미늄 격자형 외피는 건물에 미적 감각과 구조적 강도를 동시에 부여하는 요소가 되었다.

용도는 수직적으로 나뉘어 있다. 하층부는 사무실, 중간층은 상업 시설, 그리고 53층부터 87층까지는 세계에서 가장 높은 고층 호텔 중 하나인 그랜드 하얏트가 들어서 있다. 특히 56층에서 87층까지 연결된 115미터 높이의 아트리움은 건물 내부에 강렬한 수직적 인상을 남긴다. 유리 벽을 따라 자연광이 쏟아지고, 아래를 내려다보는 깊이감 있는 공간 구성은 건축적 아름다움과 구조기술이 만나는 지점을 보여 준다.

또 하나의 스카이라인을 수직으로 장식한 상하이 타워는 그 자체로 하나의 실험실이었다. 2007년 설계 공모에서 선정된 미국의 건축 사무소 겐슬러Gensler는 이 건물을 단순한 초고층으로 보지 않았다. 그들은 여기에 '수직 도시Vertical City'라는 개념을 도입했고, 상하이 타워는 곧 하늘 위에서 도시의 미래를 실험하는 거대한 장치가 되었다.

건물의 외형은 한눈에 봐도 유려하고 부드럽다. 그런데 이 비틀린 곡선은 단지 미학적 선택이 아니라 구조적이고 환경적인 전략의 결과다. 상하이 타워는 전체 외관이 120도 회전된 더블스킨Double Skin 구조로 설계되었으며, 이로 인해 풍하중이 약 24퍼센트 감소되었다. 감소된 풍압은 구조 자재의 사용량을 줄여 건설비를 절감하게 만들었고, 동시에 건물의 진동과 스트레스 낮추는 데도 기여했다. 두 겹의 유리막 사이에 형성된 공기층은 자연 단열재로 작동하며, 냉난방에 필요한 에너지 소비를 획기적으로 줄일 수 있는 구조다. 이는 일반적인 친환경 설계를 넘어, 초고층 건축이 지속 가능성과 기술 혁신을 동시에 추구할 수 있음을 보여 주는 사례다. '형태는 기능을 따른다'는 고전적 건축 원칙은 상하이 타워에서 마치 구조공학의 방정식처럼 명확하게 드러나는 전술이다.

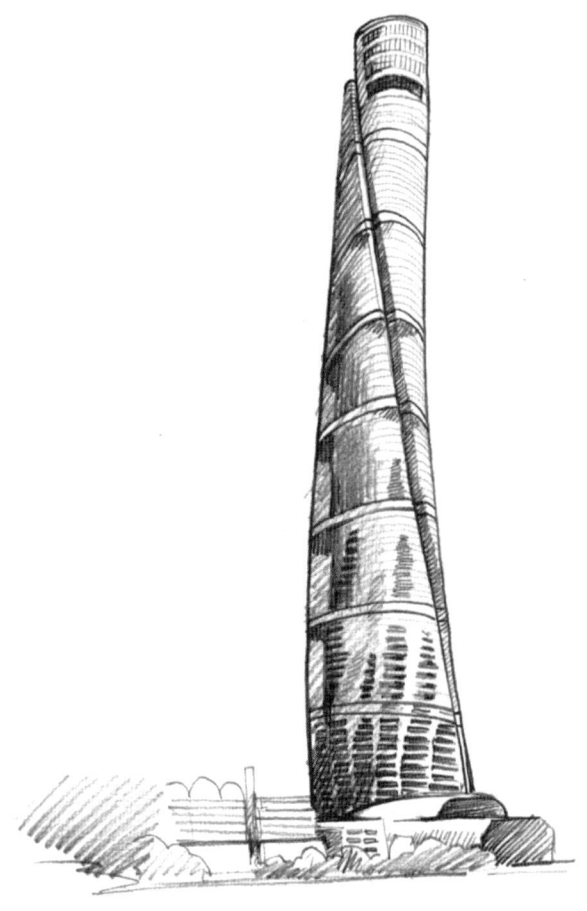

상하이 타워
©HEENAL

그러나 이 초고층 건물의 진짜 핵심은 곡선의 외형이나 높이에 있지 않다. 상하이 타워는 전체를 세로 구역 9개로 나누고, 각 구역의 하단에는 정원, 카페, 레스토랑, 공공 문화 공간이 배치되어 있다. 이런 구성은 입주자가 건물 외부로 나가지 않고도 일상적인 생활과 업무, 휴식을 모두 해결할 수 있도록 설계된 시스템이다. 단지 편의의 차원이 아니라 수직화된 도시에서 새로운 삶의 방식을 제안하는 건축적 실험이다. 엘리베이터를 통해 수직으로만 이동하는 구조를 넘어 층별 구역을 따라 '산책하듯 이동하는 도시'를 구현한 구조적 사고의 결과물이다. 그리고 이 모든 기술적, 공간적 혁신은 결국 'LEED[Leadership in Energy and Environmental Design] 골드 인증'이라는 친환경 건축의 상징으로 귀결되었다. 상하이 타워는 그 자체로 고층 건축이 얼마나 복합적이고 진화된 기술과 철학의 산물인지를 보여 주는 건축물이다.

상하이 타워는 결국 이렇게 말하는 듯하다. '높이는 수치가 아니라 시스템이다. 시스템 안에 사람이 존재할 수 있을 때, 비로소 그 건물은 도시가 된다.' 진마오 타워와 상하이 타워는 단지 두 개의 초고층 건물이 아니라 전국적인 경쟁의 신호탄이었다. 이 두 건물을 기점으로 중국은 약 30년에 걸쳐 전 국토를 무대로 '가장 높은 건물'을 향한 전방위적인 경쟁에 돌입했다.

선전의 핑안금융센터[599미터], 광저우의 CTF 파이낸스 센터[530미터]와 IFC[438미터], 난징의 지평 타워[450미터], 창사의 IFS 타워[452미터], 그리고 청두, 우한, 충칭 등 각지의 대도시에서 앞다투어 하늘을 향해 치솟는 구조물을 세우기 시작했다. 현재 중국에는 높이 500미터를 넘는 초고층 건물만 5개가 있으며, 이는 세계에서 가장 높은 건물 10개 중 절반을 차지하는 수치다. 또한 300미터 이상 500미터 미만의 초고층 건물도 약 100여 개에 이르는데, 이는 규모 면에서 압도적인 숫자다. '초고층 강국'이라는 타이틀은 더 이상 수사적인 표현이 아니라 누구도 부정할 수 없는 현실이다.

그런데 문제는 곧 드러났다. 수많은 초고층 건물에서 과잉 공급과 공실률 증가, 안전 미비, 도시 미관 훼손 등 다양한 문제점이 생기기 시작한 것이다. 이에 대응해 중국 정부가 꺼내든 카드는 명확했다.

'이제는 그만.'

국가발전개혁위원회는 2020년 이후 500미터 이상 건축을 전면 금지하고, 실용성이 부족한 '랜드마크 경쟁'을 중단하라는 지침을 내렸다. 이후 초고층 신축에 대한 인허가는 대폭 축소되었고, 허가를 받기 위해서는 공공성, 실용성, 에너지 효율성이 명확히 입증되어야 한다는 조건이 붙었다. 이런 규제가 시행되기 전에 중국판 '최후의 초고층'이 될 것으로 주목받았던 톈진의 골든 파이낸스 117[597미터]은 공사가 중단된 채 방치되어 현재까지도 유령 건물로 남아 있다. 우한의 그린랜드 센터와 청두의 그린랜드 타워 역시 계획보다 규모가 축소되거나 공사 자체가 중단되는 운명을 맞이했다. 도시 한복판에 유령처럼 남은 건물은 겉으로 보기에는 완공된 듯하지만 내부는 텅 비어 있다. 이들 건축물은 마치 우리에게 이렇게 되묻고 있는 듯하다. '우리는 얼마나 높이

지을 수 있는가?'가 아니라 '우리는 정말 그 높이를 필요로 하는가?'라는 질문을 말이다.

> "상하이 타워의 상량식은 단지 구조물의 완성을 뜻하지 않는다.
> 그것은 도시를 상상하고 건설하는 새로운 방식을 보여 주는 일이며,
> 오늘날 초고층 설계자가 직면한 과제에 대한 하나의 해답이다."
>
> ― 마샬 스트라발라(Marshall Strabala, 상하이 타워 총괄 설계 건축가)

말레이시아 두 개의 수직으로 떠오르다

말레이시아의 수도 쿠알라룸푸르. 그곳의 하늘에는 지금도 여전히 쌍둥이 거인이 우뚝 서 있다. 바로 페트로나스 트윈 타워다. 1998년에 완공된 이 건물은 당시 세계에서 가장 높은 빌딩이었다. 높이는 451.9미터이며, 지상 88층 규모다. 오늘날까지도 '세계에서 가장 높은 쌍둥이 빌딩'이라는 타이틀은 여전히 유효하다. 하지만 페트로나스 트윈 타워는 단지 높기만 한 건물이 아니다. 그것은 아시아가 세계를 향해 던진 선언이자, 세계 초고층 건축의 흐름이 처음으로 비서구권의 손에 넘어간 역사적 전환점이다. 100년 가까이 이어진 서구 중심의 고도 경쟁은 이 건물을 통해 처음으로 다른 대륙, 다른 문화의 관점에서 다시 쓰이기 시작했다. 그리고 그 중심에는 말레이시아 국영 석유기업 페트로나스Petronas가 있었다.

페트로나스는 이 프로젝트를 통해 말레이시아가 글로벌 에너지 허

페트로나스 트윈 타워
©HEENAL

브가 될 수 있다는 가능성을 보여 주고자 했다. 그들은 건축을 통해 국가의 기술력과 경제력, 정체성을 동시에 드러낼 수 있는 구조물을 세우고자 한 것이다. 결국 이 건물은 말레이시아의 경제적 야망, 문화적 정체성, 기술적 진보가 총체적으로 결합된 상징이 되었다. 설계는 아르헨티나 출신의 미국 건축가 시저 펠리César Pelli가 맡았다. 그는 포스트모더니즘의 감수성을 바탕으로 현대성과 전통의 균형을 추구했고, 말레이시아의 문화적 정체성을 설계에 적극적으로 반영하고자 했다. 이슬람 문화권에 속한 국가라는 점을 고려해서 건물의 평면은 이슬람 기하학에서 유래된 팔각형 별 모양을 따랐다. 외관 곳곳에는 이슬람 건축에서 흔히 볼 수 있는 기하학적 문양과 반복적인 패턴이 적용되었다. 이는 건물의 구조적 기능을 넘어 문화적 언어로 작동하는 디자인 요소가 되었다.

이 프로젝트는 기술적인 측면에서도 도전의 연속이었다. 페트로나스 트윈 타워는 당시 세계 어느 건물보다도 깊은 기초가 필요한 구조

페트로나스 트윈 타워의 평면 구조

였다. 무거운 콘크리트 구조를 지탱하기 위해 철근 콘크리트를 기반으로 기초를 깊게 파야 했고, 설계 도중에 수입 강재 가격이 급등해서 불가피하게 설계를 변경해야 했다. 결국 상대적으로 저렴한 대체재가 선택되었지만, 이는 건물의 하중을 거의 두 배 가까이 증가시키는 결과를 낳았다. 진동에 유리한 구조였음에도 무게가 커진 만큼 구조적 계산은 훨씬 더 정밀하고 복잡해져야 했다. 건축 설계와 구조기술, 그리고 비용 현실이 첨예하게 교차한 프로젝트였다.

말레이시아 정부에서 설정한 6년 이내 완공이라는 강력한 기한은 시공 방식마저 바꾸게 만들었다. 그 결과, 두 개의 타워를 동시에 독립적으로 시공하는 이례적인 방식이 도입되었다. 이 시점에서 한국 기업이 본격적으로 등장한다. 당시 시공 자격 조건 중 하나는 50층 이상 고층 건축 실적 보유였다. 이 조건을 충족한 극동건설은 서울 무역센터 시공 실적을 바탕으로 먼저 프로젝트에 진입했다. 반면, 당시 50층 이상 시공 실적이 없던 삼성물산은 극동건설과 조인트 벤처Joint Venture를 구성하여 참여했고, 결국 타워 2의 시공을 맡았다. 삼성물산에게 이 프로젝트는 단순한 수주가 아니라 세계 초고층 건설 시장으로 진입하는 결정적인 발판이 되었다. 이후 삼성은 부르즈 칼리파, 라흐타 센터, 메르데카 118 등 세계적인 마천루 프로젝트에 연이어 참여하며 '초고층의 삼성'이라는 별칭을 얻었다. 페트로나스 트윈 타워는 단지 높이만으로 평가되는 건물이 아니라 아시아 기술력의 가능성을 세계에 증명한 사례이며, 한국 기업의 글로벌 위상을 새롭게 정의한 건축적 전환점이었다.

페트로나스 트윈 타워의 시공 과정은 결코 순탄하지 않았다. 공사 초기에는 콘크리트 강도 시험에서 기준치를 만족하지 못해 일부 작업이 일시적으로 중단되기도 했다. 하지만 각 시공팀은 빠른 기술적 대응과 품질 개선을 통해 문제를 극복했고, 그 결과 삼성물산이 맡은 타워 2는 일본시공사 하자마 건설Hazama Corporation이 맡은 타워 1보다 먼저 완공되는 성과를 보였다. 결정적인 순간은 1996년 3월 1일에 찾아왔다. 이날 타워 1 꼭대기에 거대한 첨탑이 설치되면서, 이 건물은 미국의 시어스 타워현재 윌리스 타워를 공식 높이 기준에서 제치고 세계 최고층 빌딩이라는 타이틀을 얻었다. 세계초고층도시건축학회 기준에 따르면 첨탑은 건축적 높이로 인정되며 안테나는 제외되기 때문에, 이 선택은 일반적인 장식이 아니라 전략적인 건물 설계의 일부였다.

지금의 페트로나스 트윈 타워는 말레이시아 경제의 중심지일 뿐만 아니라 쿠알라룸푸르 필하모닉 오케스트라의 공연장, 다국적 기업의 본사 등 다양한 시설이 함께 어우러진 복합 공간이다. 야간 조명이 켜진 쌍둥이 타워의 실루엣은 일반적인 도시 경관을 넘어 '말레이시아의 야망'을 시각적으로 표현하는 대표적인 상징이다. 이 건물은 지금도 하나의 질문을 던지고 있다. '아시아는 스스로의 하늘을 가질 수 있는가?' 그 해답은 어쩌면 이 쌍둥이 건물 사이를 연결하는 스카이브릿지 위, 두 타워가 만나는 지점에 있을지도 모른다. 거기에는 전통과 현대, 지역과 세계, 현실과 이상이 교차하는 공간이 존재한다. 그리고 그 교

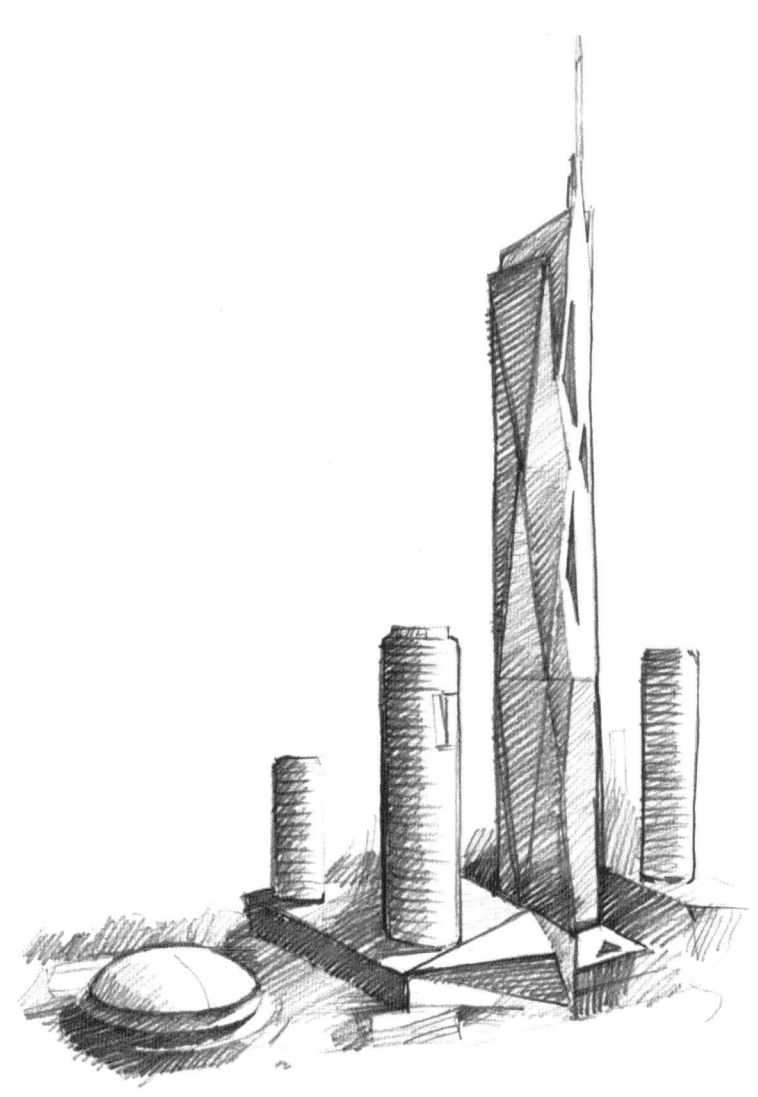

메르데카 118
ⓒHEENAL

말레이시아 쿠알라룸푸르에서 2022년에 완공된 높이 681m의 건축물로
현재 세계 초고층 랭킹 2위를 차지하고 있다. 삼성물산에서 시공했다.

차점에서 아시아는 마침내 자신만의 하늘을 정의하기 시작한 것이다.

"하늘로 들어가는 관문이자 무한으로 통하는 문이다."
— 시저 펠리, 페트로나스 트윈 타워 스카이브리지에 대하여

대만, 흔들리는 땅 위의 황금 구슬

숫자는 언제부터 상징이 되었을까? 101이라는 숫자는 단지 100에 하나를 더한 계산처럼 보일 수 있지만, 타이베이 101에서는 그것이 결코 단순한 숫자가 아니었다. 완벽함을 뜻하는 숫자 100을 넘어서는 의지, 기존의 한계를 넘고자 하는 도전 정신이 이 건물의 이름에 담긴 상징이다. 대만의 수도 타이베이에 위치한 이 건물은 높이 508미터, 지상 101층으로 구성되어 있다. 2004년에 완공된 당시 이 건물은 전 세계에서 가장 높은 초고층 빌딩이었다. 비서구권에 세워진 이 초고층 건물은 세계 건축사에서 의미 있는 전환점이 되었고, 오늘날에도 타이베이 101은 세계에서 가장 높은 초강진·태풍 대응형 건물이라는 기술적 위상을 유지하며, 글로벌 초고층 랭킹 상위 11위 안에 이름을 올리고 있다.

타이베이 101은 도시의 일반적인 랜드마크가 아니다. 대만이 겪어온 자연과의 싸움 위에 세워진 구조물이며, 단단함이 아니라 유연함에서 힘이 비롯된다는 사실을 증명한 건축물이다. 대만은 지진과 태풍이 빈번하게 발생하는 지역으로, 세계에서 가장 혹독한 자연환경을 가진

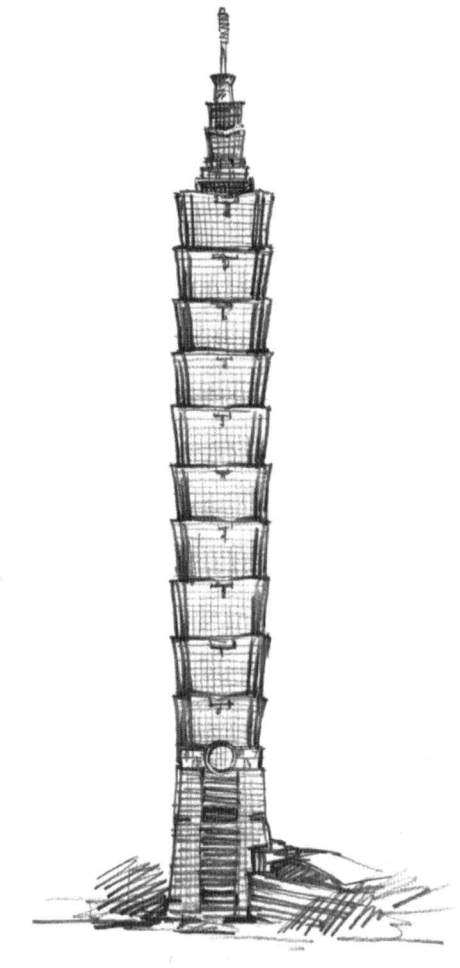

타이베이 101
ⓒHEENAL

도시 중 하나다. 초속 60미터를 넘는 태풍, 규모 9.0에 달하는 강진이 반복되는 땅 위에 수백 미터에 이르는 초고층 건물을 세운다는 것은 단순한 개발을 넘어서는 도발이자 실험이었다. 그 가능성과 위험은 공사 도중에 실제로 현실이 되기도 했다.

2002년 3월에 대만 중부를 강타한 규모 7.1의 지진이 발생했고, 인근의 저층 건물이 하나둘씩 기울고 붕괴되는 상황 속에서도 공사 중인 타이베이 101은 강하게 흔들렸지만 무너지지 않았다. 이것은 단지 행운이 아니라 철저하게 계산된 구조설계의 결과였다. 예상 가능한 모든 최악의 상황을 가정해서 구조 시스템에 반영한 것이 바로 그 이유였다.

타이베이 101의 설계를 맡은 건축가는 대만 출신의 리쭈위안李祖原이다. 그는 동양 철학의 상징성과 현대 구조기술을 조화시켜, 일반적인 마천루가 아닌 '의미를 가진 구조물'을 만들고자 했다. 건물은 중첩된 섹션 8개로 나뉘어 있으며, 각각은 중국 전통 대나무의 마디를 닮은 형태로 설계되었다. 숫자 8은 중국 문화권에서 부와 번영, 행운을 상징하며, 끊임없이 자라나는 대나무의 형상은 지속적인 성장과 발전에 대한 염원을 담고 있다. 외관은 유리와 알루미늄이 정갈하게 반복되는 패턴으로 덮여 있으며, 이 디자인은 단지 시각적인 아름다움에 그치지 않고 바람의 흐름을 효과적으로 분산시켜 풍하중을 줄이는 역할을 한다.

그러나 이 건물을 진정으로 특별하게 만드는 것은 눈에 보이는 외관이 아니라 안쪽에 숨겨진 구조디자인적 설계다. 타이베이 101은 세계에서 가장 많은 철강재를 사용한 초고층 건물이다. 일반적인 초고층 건물의 소요강재량보다 두 배가량 많이 들어갔는데 그 이유는 명확하다. 이 건물은 매우 강해야 하면서도 동시에 유연해야 한다. 바람과 지진이 가져오는 충격은 예고 없이 순간적인 뒤틀림의 형태로 찾아온다. 이를 막기 위해 건물의 구조체는 충격을 흡수하고 분산시킬 수 있어야 하는데 타이베이 101은 바로 그 구조적 대응의 집약체다.

타이베이 101은 철골과 콘크리트를 혼합한 철골·철근 콘크리트 SRC구조로 이루어져 있으며, 중심부에는 매시브한 코어가 위치하고 이를 철골 기둥·보와 이를 보강하는 철골 가새가 배치되어 있다. 그러나 이 건물을 세계적으로 유명하게 만든 결정적인 기술적 요소는 건물 상부에 설치된 제진댐퍼Tuned Mass Damper, TMD이다. 이 거대한 장치는 마치 공중에 매달린 황금 구슬처럼 보이며, 건물이 바람이나 지진으로 흔들릴 때 그 반대 방향으로 움직이며 진동을 상쇄하는 역할을 한다. 무게 660톤, 지름 5.5미터에 달하는 구형의 금속 덩어리로, 세계에서 가장 큰 공공 전시형 댐퍼라는 상징적 의미도 함께 지닌다. 이 장치는 단순한 기술 설비가 아니라, 초고층 건축이 강성이 아닌 유연성으로 생존하는 방식을 보여 주는 대표적인 사례다. 타이베이 101은 이 장치를 통해 구조기술이 단지 숨겨진 백엔드Back-end가 아니라 건축의 한 장면이자 메시지가 될 수 있음을 입증한 건물이다.

타이베이 101에도 한국의 손길이 닿아 있다. 삼성물산이 이 프로젝트에 참여했으며, 비록 전체 타워의 시공을 맡은 것은 아니었지만 마감 공사를 책임지며 완성도의 정밀함을 높이는 데 중요한 역할을 했다. 이 건물은 기술적 성취의 결과물이자 국제 협력과 기술 교류가 함께 빚어낸 구조물이다. 대만의 경제적 번영을 상징하면서도 동시에 언제든 다시 흔들릴 수 있는 자연의 한가운데에서 건축이 무엇으로 버티는지를 묻는 구조적 선언이다. 바람과 진동, 그리고 수직이라는 극한 조건 속에서 이 건물은 유연성과 설계, 계산과 상징으로 버텨 낸 건축적 응답이며, 기술과 철학이 공존할 수 있다는 가능성의 증명이다.

> "대만에서 지진이 발생하면 나는 타이베이 101로 뛰어 들어갈 것이다.
> 그곳이 구조적으로 가장 안전하다고 믿기 때문이다."
>
> ― 데니스 푼(Dennis Poon, 타이베이 101 구조설계 책임 엔지니어)

두바이 하늘에 새긴 가장 높은 야망

두바이. 사막 위에 세워진 미래 도시이며 불가능을 현실로 바꾼 상징의 무대다. 그리고 그 하늘 위로 구름을 찢고 솟아오른 하나의 첨탑이 있다. 바로 부르즈 칼리파다. 이 건물은 단순한 구조물이 아니라 한 국가의 야망과 한 도시의 자존심이 물리적 형상으로 응축된 상징이다. 높이는 828미터, 총 163층으로 이전까지 세계 최고층이었던 타이베이 101을 300미터 가까이 넘어섰다. 이로써 부르즈 칼리파는 인류가 지금껏 만든 구조물 가운데 가장 높은 초고층 건물이 되었다.

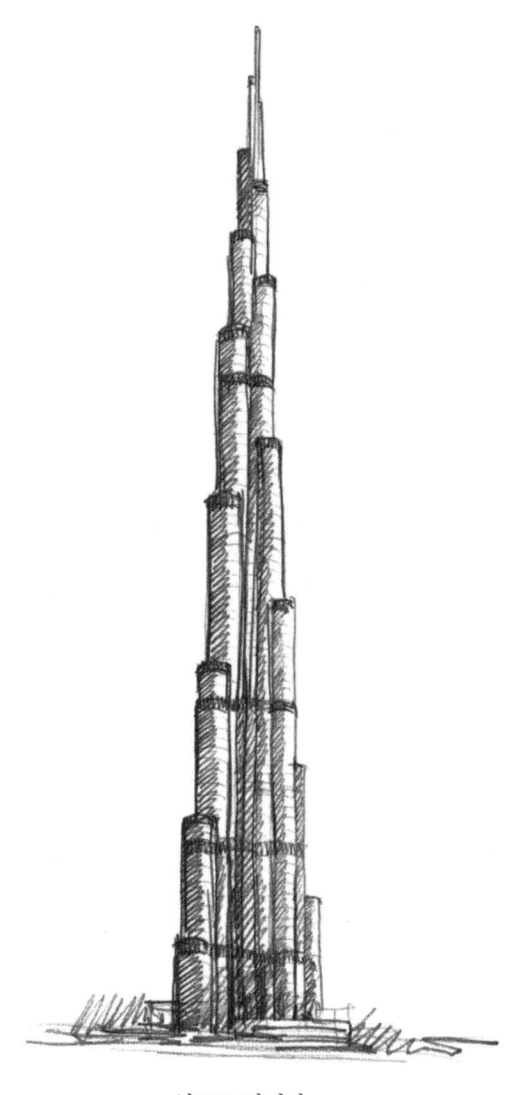

부르즈 칼리파
©HEENAL

그런데 이 건물의 진짜 의미는 숫자에 있지 않다. '두바이는 세계의 중심이 될 수 있다.'라는 메시지를 하늘에 새기고자 했던 두바이 군주의 비전과 결심이야말로 부르즈 칼리파의 진정한 출발점이다. 이 건물은 높이에 대한 도전이자, 도시와 국가가 스스로를 세계사 속에 위치시키기 위한 목적이었다. 이 프로젝트는 에마르 프로퍼티즈Emaar Properties의 회장 모하메드 알리 알라바르Mohamed Ali Alabbar의 구상에서 출발한 것이다. 그는 단순한 랜드마크가 아니라 두바이의 국제적 위상을 전 세계에 각인시키는 구조물을 원했다. 설계는 미국의 건축설계사 SOM에서 맡았으며, 이 프로젝트의 디자인을 총괄한 인물은 건축가 아드리안 스미스Adrian Smith였다. 부르즈 칼리파는 828미터라는 기록적인 수치로 완성되었고, 이로써 세계 최고층이라는 타이틀은 확실하게 두바이의 것이 되었다.

이 건물은 단지 세계에서 가장 높은 건물이라는 타이틀에만 머물지 않았다. 높이뿐만 아니라 수많은 '세계 최초'와 '세계 최고'의 기록을 다시 썼다. 세계에서 가장 높은 전망대는 555미터 지점에 설치되어 있고, 최상층까지 구성된 층수는 163층에 이른다. 엘리베이터는 시속 36킬로미터로 운행되며, 당시 기준 세계에서 가장 빠른 수직 이동 장치였다. 122층에는 세계에서 가장 높은 레스토랑이, 144층에는 가장 높은 나이트클럽이 들어섰고, 시공 중 콘크리트를 펌핑한 높이는 601미터로 그 자체가 또 하나의 기록이었다. 이 모든 수치는 그저 과시가 아니라 건축 기술의 경계를 넓힌 지표이며 도전의 총합이었다.

그리고 이 건물은 궁극적으로 새로운 건축 분류 하나를 만들어 냈다. 바로 '메가톨Mega Tall'이다. 600미터 이상 초고층 건물을 지칭하는 이 용어는 부르즈 칼리파를 기점으로 정식 분류로 자리 잡았고, 이 건물이 첫 번째 사례가 되었다.

그렇다면 과연 이런 높이를 어떻게 지탱할 수 있을까? 부르즈 칼리파는 단순히 곧게 뻗은 기둥이 아니다. 이 건물은 삼엽 모양의 Y자형 평면 구조를 통해 바람의 회전을 분산시키고 풍하중을 최소화하는 독창적인 방식을 택했다. 건물 중심에는 철근 콘크리트로 이루어진 강력한 구조 코어가 자리하며, 외곽에는 각 층마다 조건에 따라 가변적으로 설계된 지지 시스템이 배치되어 있다. 이 시스템은 건물 전체를 하나의 유기체처럼 작동하게 만들어 바람과 진동, 하중에 유연하게 대응할 수 있도록 한다. 이처럼 구조는 단단함보다 균형과 적응력을 바탕으로 설계되었다.

기술적 성취는 구조에 그치지 않는다. 부르즈 칼리파는 지속 가능한 미래를 위한 실험장이기도 하다. 옥상과 외벽에는 태양광 패널이 설치되어 일부 전기와 온수를 자체적으로 공급하고, 냉각 시스템에서 회수된 응축수는 조경과 분수 유지에 재활용된다. 건물 외피에 적용된 고효율 유리 시스템은 혹독한 두바이의 기후 속에서도 냉방 효과를 높이고 실내 온도를 안정적으로 유지하는 데 기여한다.

이 건물은 단지 하늘을 향해 솟은 마천루가 아니라 도시 개발의 촉진제이기도 했다. 이 건물이 세워진 다운타운 두바이는 이후 빠르게 변모했다. 세계 최대 규모의 쇼핑몰인 두바이 몰, 음악과 빛이 어우러진 두바이 분수, 아르마니 호텔과 고급 레지던스, 수많은 글로벌 기업의 중동 본사까지 모든 것이 이 건물을 중심으로 재편되었다. 부르즈 칼리파는 도시의 지도를 바꾸었고, 두바이의 중심 축을 새롭게 정의한 구조물이 되었다. 그렇다면 이 건물은 어디를 향해 손을 뻗은 것일까? 그 손은 단지 하늘을 향한 것이 아니었다. 세계의 중심이라는 상상을 도시라는 실체 위에 옮기려는 하나의 거대한 몸짓이었다.

> "건축이 진짜로 위대한 것은
> 그 시대가 직면한 도전에 어떻게 답했는가에 달려 있다."
> — 아드리안 스미스

중동의 자존심, 천 미터 위의 약속

부르즈 칼리파는 언제까지 세계 최고층 건물의 자리를 지킬 수 있을까? 그 질문에 가장 가까이 다가선 도전자가 두바이에서 멀지 않은 사우디아라비아의 항구 도시 제다에 모습을 드러내고 있었다. 제다 타워 혹은 킹덤 타워. 이 건물은 인류 역사상 처음으로 1,000미터를 돌파하는 초고층을 목표로 했다. 그 자체로 하나의 기록이지만 단순한 건축물로 보기는 어렵다. 제다 타워는 사우디아라비아의 도시 재편과 국가 경제 전략이 집중된 상징적 축이다. 이 마천루는 '제다 경제 구역 Jeddah Economic City'의 중심에 놓였고, 그 전체 계획 속에서 핵심적인 역할

제다 타워

을 부여받았다. 사우디아라비아 정부는 석유 의존형 산업 구조를 벗어나기 위해 '비전 2030'이라는 국가 전략을 추진 중이며, 이 타워는 그 비전의 상징으로 설계되었다. 설계를 맡은 이는 익숙한 이름이다. 바로 부르즈 칼리파를 설계한 아드리안 스미스다. SOM에서 독립하여 AS+GG^{Adrian Smith+Gordon Gill}라는 설계 사무소를 차린 후 맡은 대형 프로젝트이다. 그는 다시 한번 인류가 도달할 수 있는 가장 높은 구조물을 위해 설계도를 꺼냈다. 이번에도 그는 직선 대신 곡선을 선택했다. 곡선형의 원뿔 구조는 단지 외관을 위한 조형이 아니었다. 상승하는 바람을 부드럽게 흘려보내기 위한 공기역학적 설계, 초고층의 구조적 부담을 줄이는 전략이 담겨 있었다. 건물 안에는 고급 레지던스, 포시즌스 호텔, 세계에서 가장 높은 전망대가 포함될 예정이었다. 이 건물은 단순한 고도 경쟁을 넘어 하나의 자급자족형 수직 도시를 실현하려는 시도였다.

2013년 4월 1일에 사우디아라비아의 대표적인 건설사인 빈 라덴 그룹^{Bin Laden Group}이 시공을 맡아 공사를 시작했다. 총예산은 약 12억 달러이고 5년여의 시공 기간을 예상한 초대형 프로젝트였다. 그러나 2018년에 모든 계획은 갑작스레 멈춰 섰다. 무슨 일이 있었던 것일까?

정치와 부패는 때로 구조물보다 더 무거운 하중이 된다. 2017년, 무함마드 빈 살만 왕세자가 주도한 대대적인 반부패 작전으로 사우디아라비아의 권력 구조가 요동쳤고, 제다 타워를 시공하던 빈 라덴 그룹의 고위 임원 또한 소용돌이의 한가운데에 놓였다. 결국 핵심 시공

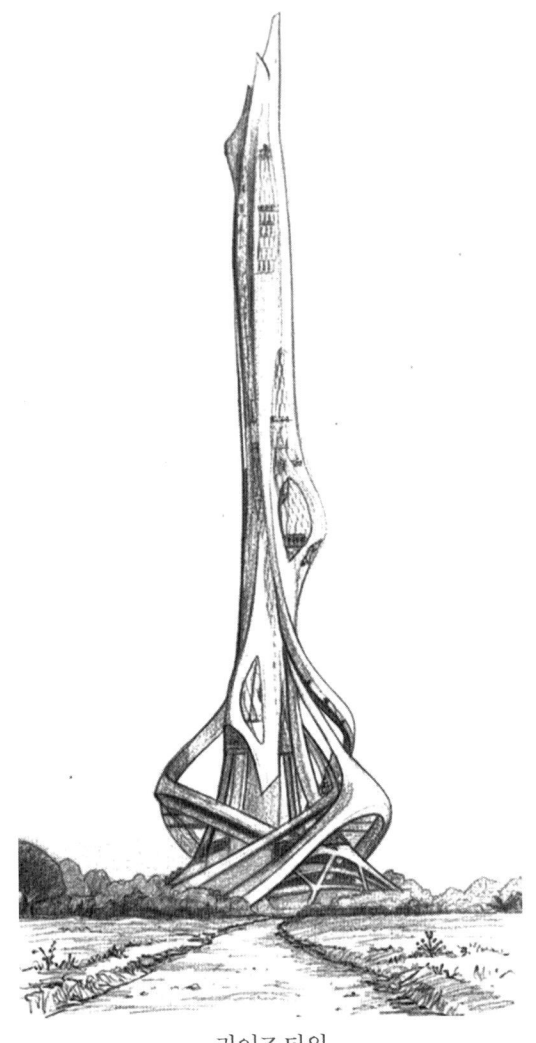

라이즈 타워

최근 사우디아라비아는 높이 2,000미터, 678층에 달하는
라이즈 타워를 짓겠다고 발표했다.

사의 자금줄이 끊기면서 제다 타워는 약 70층까지 공사가 진행된 상태에서 2018년에 공사가 중지되고 말았다. 그 후로 5년 동안 뜨거운 사막의 태양 아래 타워는 움직임을 멈춘 채 방치되었고, 세계 최고층이라는 꿈은 구조물이 아닌 계획 속의 숫자로만 남아 있었다. 그런데 이 이야기는 거기서 끝나지 않았다. 2023년 9월, 사우디아라비아 정부는 제다 타워의 공사를 공식적으로 재개한다고 발표했다. 같은 해, 리야드가 2030년 세계 박람회 EXPO 2030 개최지로 확정되면서 국가 인프라 전반에 다시금 속도가 붙었고, 멈춰 있었던 제다 타워 역시 그 흐름 속에서 다시 움직이기 시작한 것이다. 완공 목표는 2028년으로 설정되었고, 사우디아라비아는 이번에는 기존보다 두 배 빠른 속도로 공정을 끌어올리겠다고 공언했다. 하지만 과거의 실패를 기억하는 이들에게 이 약속은 여전히 신중하게 받아들여진다. 세계 최고층이라는 타이틀은 단지 계획만으로 주어지지 않는다. 신념과 기술, 자본, 그리고 정치적 의지가 함께 움직일 때 비로소 실현 가능한 목표다.

"한계를 넘어서야 비로소 새로운 기준이 생긴다."
— 아드리안 스미스

러시아의 수직 유산 라흐타 센터

러시아 상트페테르부르크 북서쪽, 발트해를 향해 열린 도시 외곽에 유리로 된 곡선 실루엣의 초고층 건물이 하나 솟아 있다. 이름은 라흐타 센터다. 462미터의 이 구조물은 러시아는 물론 유럽 전체에서 가장 높은 건축물이자, 세계에서 16번째로 높은 마천루로 기록되었다. 겉으로 보기엔 뉴욕이나 두바이의 스카이라인에서 흔히 볼 수 있는 초고층 빌딩처럼 보일지도 모른다. 그러나 이 건물의 뿌리는 조금 다르다. 라흐타 센터는 단순한 도시의 상징을 넘어서 러시아의 권력과 자본, 기술과 문화가 복잡하게 얽힌 교차점 위에 세워진 하나의 시대적 표상이기도 하다.

라흐타 센터는 러시아 국영 석유·에너지 기업인 가즈프롬Gazprom의 신사옥으로 지어졌다. 이 기업은 흔히 '푸틴의 회사'로 불리는 러시아 국부의 상징이자 에너지 패권의 실질적인 주체로, 자원 기반 산업을 통제하는 핵심 기관이다. 이 거대 기업이 본사를 새롭게 짓기로 결정하면서 위치와 규모를 둘러싼 논의는 자연스럽게 사회적 갈등의 형태로 확산되었다.

당초 계획은 상트페테르부르크 도심 한가운데에 '오흐타 센터'라는 이름으로 건물을 세우는 것이었다. 그런데 이 도시는 유네스코 세계문화유산으로 지정된 지역이어서 도시 전체에 고도 제한이 엄격하게 적용되었다. 에르미타주 박물관, 겨울 궁전, 성 이삭 성당 등 수백 년의 시간을 견뎌 온 역사적 건축물이 낮고 조화로운 스카이라인을 이루고 있었다. 이런 도시의 중심에 400미터가 넘는 마천루가 세워진다면 유네스코는 세계문화유산 지위를 박탈할 수 있다고 강하게 경고했다. 반대의 목소리는 시민들 사이에서도 거세게 터져 나왔다. '이 도시

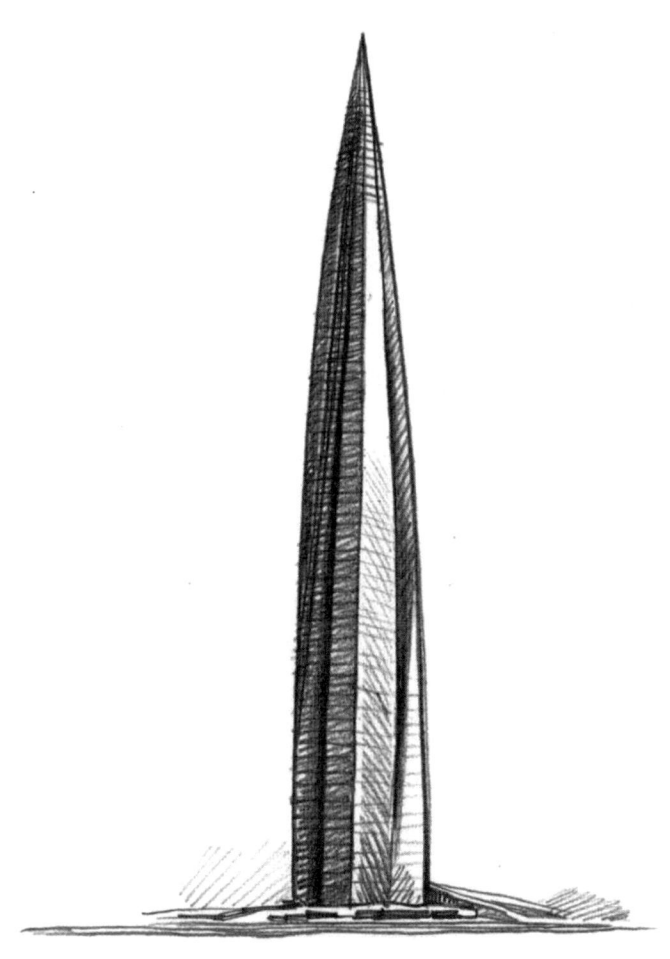

라흐타 센터
©HEENAL

는 미러볼처럼 반짝이는 현대성이 아니라 천천히 쌓아 온 고전미로 기억되어야 한다.'라는 외침이 거리 곳곳에 울려 퍼졌다.

이 과정에서 가즈프롬사의 건설책임자가 당시 세계초고층도시건축학회 회장이었던 고려대학교 김상대 교수를 초청하여 나도 함께 상트페테르부르크를 방문한 적이 있다. 목적은 많은 언론과 인터뷰를 하면서 이 도시에도 초고층이 필요하다는 점을 설명하는 것이었다. 상트페테르부르크가 과거의 도시로만 머물 것이 아니라, 미래 도시로 나아갈 수 있는 가능성을 품고 있다는 점을 강조하기를 원했다. 역사적 건축과 현대 건축이 공존할 수 있다는 논리를 제시하며 고도 제한에 대한 유연한 해석도 시도했다. 하지만 이런 시도는 끝내 받아들여지지 않았다. 유네스코의 반대는 계속되었고, 시민 여론 역시 완강했다. 결국 가즈프롬은 도심 마천루 건설 계획을 철회하고, 도시 외곽인 라흐타 지역으로 부지를 옮겨 프로젝트를 다시 설계했다.

건물의 명칭도 함께 바뀌었다. 기존의 '오흐타 센터'는 역사 속으로 사라지고, 새로운 장소에 세워진 이 마천루는 '라흐타 센터'라는 이름으로 다시 태어났다. 설계를 맡은 이는 영국 건축설계사 RMJM의 건축가 토니 케틀Tony Kettle이다. 그는 러시아 전통 교회의 뾰족한 첨탑에서 영감을 받아서 곡선이 점차 회전하며 상승하는 스파이럴 형태를 고안했다. 건물 외관은 얼어붙은 강과 찬 바람이 만든 물결처럼 부드럽게 휘돌며 올라간다. 첨탑 없이도 462미터라는 높이를 수직으로 완성한 이 구조는 시각적 긴장감과 구조적 안정성을 동시에 확보했다. 특히 라흐타 센터는 혹한의 러시아 기후에 대응하기 위해 더블스킨 구조를 적용한 몇 안 되는 초고층 빌딩 중 하나다. 두 겹의 유리막 사이에 형성된 공기층은 단열재 역할을 해서 내부 열 손실을 줄이고 에너지 효율을 극대화했다. 이런 설계는 단지 기후 대응을 넘어서 지속 가능성의 기준을 제시하며, 건물은 'LEED 골드 인증'을 획득했다. 기술과 디자인, 환경 성능을 모두 갖춘 초고층 건물로서 라흐타 센터는 높이의 기록만으로 설명되지 않는 새로운 방향성을 보여 주고 있다.

라흐타 센터가 완공된 이후, 가즈프롬은 여기서 멈추지 않았다. '라흐타 센터 2', '라흐타 센터 3' 건설 계획을 잇달아 발표하며 이 지역을 유럽의 새로운 초고층 밀집지로 성장시키려는 청사진을 내놓았다. 그러나 이번에는 라흐타 지역 주민의 반발에 부딪혔다. 당초 더 이상의 확장은 없을 것이라고 약속했던 가즈프롬이 계획을 번복하자 '도시 경관을 해친다'는 비판이 이어졌고, 일부 주민은 기존의 협약이 무너졌다고 느꼈다. 특히 우려가 컸던 것은 인근에 위치한 러시아의 저명한 시인의 생가였다. 또 하나의 마천루가 이 주변의 시적 분위기, 역사적 정취를 잠식할지 모른다는 걱정이 커졌고, 건축 논쟁은 단순한 미관을 넘어서 문화 보존의 문제로까지 번졌다. 이에 대해 설계를 맡은 토니 케틀은 "도시와 마천루의 공존은 조화의 문제이지 대결의 문제가 아니다."라고 응답했다. 그는 새롭게 제안된 설계 역시 도시의 전통적 맥락을 존중하며 이루어질 것임을 거듭 강조했다.

하지만 질문은 여전히 남는다. 초고층은 정말 도시의 미래를 위한 것인가, 아니면 기업과 권력이 남기고자 하는 구조적 기념물인가? 라흐타 센터는 지금 그 사이 어디쯤에 서 있다. 러시아의 도시가 수평으로 쌓아온 유산 위에 수직의 야망을 올릴 때 우리는 다시 묻게 된다. '이 빌딩은 누구를 위해 여기에 존재하는가?'

> "건축은 권력의 얼굴이다.
> 그것은 도시 위에 새겨지는 가장 큰 서명이다."
> — 렘 콜하스(Rem Koolhaas)

건물 안의 도시, 도시 안의 건축: 일본

높은 건물을 짓는다는 것은 단순히 위로 솟구치는 기술의 문제가 아니다. 그 안에는 한 나라의 공학, 문학, 철학, 그리고 도시에서 살아가는 사람들의 일상이 모두 응축되어 있다. 그런 점에서 일본의 초고층 건축이 보여 주는 방향은 다른 나라와 확연히 다르다.

일본의 초고층을 이야기할 때면, 늘 '요코하마 랜드마크 타워' 하나로 설명되곤 했다. 1993년에 완공된 이 건물은 무려 20년 넘게 일본에서 가장 높은 건물로 남아 있었다. 이 사실은 곧 일본이 초고층 개발에 얼마나 조심스러운 태도를 가져왔는지를 보여 준다. 그 이유는 명확하다. 일본은 세계에서 손꼽히는 지진 다발 국가다. 한때 일본의 건축 기준법은 건물 높이를 31미터로 제한하고 있었고, 이 제한은 장기간 도시의 스카이라인을 수평으로 묶어 두는 역할을 했다. 그런데 1963년에 법이 개정되면서 상황은 조금씩 바뀌기 시작했다. '용적 지구제'라는 제도가 도입되며 고도 제한은 특정 지역에서 유연하게 조정되었고, 이를 계기로 일본의 도시는 초고층이라는 가능성에 점차 문을 열기 시작했다.

그러나 일본의 초고층 건축은 여전히 수직적인 팽창보다는 수평적인 확장에 가까운 면모를 지녔다. 겉보기에는 수백 미터를 솟아오른 고층 건물이지만 그 속을 들여다보면 이야기는 전혀 다르다. 무엇이 달랐을까?

일본의 초고층은 단순히 오피스 공간이나 고급 아파트를 위한 공간으로 설계된 것이 아니었다. 그곳은 도시의 기능이 농축된 복합적 구조였다. 오늘날 일본의 초고층 빌딩 안에는 미술관과 고급 상점은 물론이고 학교, 병원, 연회장, 전시장, 공연장까지 모두 들어선다. 한 건물 안에서 사람들이 일하고, 예술을 감상하고, 병원을 방문하고, 아이를 유치원에 데려다주는 일상이 이루어진다. 일반적인 거주나 근무 공간을 넘어서 그 안에는 도시 전체의 삶이 응축되어 있다. 다시 말해, 하나의 빌딩이 하나의 도시가 되는 셈이다.

2023년에 정식 개장한 '아자부다이 힐스'는 '도시 속의 도시'를 실현하고자 했던 복합 개발 프로젝트다. 총 330미터 높이의 모리 JP타워를 중심으로 구성된 이 단지는 겉으로 보기에는 하나의 고층 건물처럼 보이지만 그 안에는 도시 전체가 입체적으로 배치되어 있다. 이 프로젝트에는 무려 34년이라는 시간이 소요되었다. 그중 14년은 300여

가구의 동의를 얻는 데 쓰였다. 왜 이렇게 오랜 시간이 필요했을까? 그 이유는 단순히 건물을 세우는 문제가 아니었기 때문이다. 이곳에는 사람들의 삶과 기억, 그리고 이 땅의 내력까지도 함께 존중되어야 했기 때문이다. 아자부다이 힐스는 일반적인 주거 공간이나 업무 시설을 넘어선다. 사무실, 호텔, 국제학교, 병원, 미술관, 고급 상점과 카페, 연회장, 녹지 공간이 수직 구조 안에서 유기적으로 결합되어 있다. 건물 하나가 도시 전체처럼 작동하며 그 속에서 사람들은 살아가고, 배우고, 일하고, 쉬고, 걷는다. 이런 구조는 건축 설계와 구조 계획에서도 새로운 접근을 요구했다. 고층 구조 속에 도시의 수평적 기능을 배치해야 했기 때문이다. 그 결과, 아자부다이 힐스는 하나의 마천루가 아니라 하나의 도시 생태계로 탄생했다.

그렇다면 일본은 왜 이렇게 복잡한 도시를 건물 안에 담은 것일까? 모리빌딩의 CEO인 쓰지 신고는 그 이유를 분명하게 말한다. "도쿄는 뉴욕, 런던과 경쟁해야 합니다. 글로벌 기업의 아시아 본사가 모이는 장소가 되어야 합니다. 이들이 원하는 것은 단순한 오피스 공간이 아닙니다. 가족과 함께 생활할 수 있는 문화시설, 교육, 의료 인프라가 필요합니다." 이 말 속에는 오늘날 도시가 작동하는 방식과 그에 따라 진화해 가는 건축의 방향이 담겨 있다. 초고층은 그저 '높이'를 위한 구조물이 아니다. 그것은 하나의 수직 구조 속에 수많은 가능성을 차곡차곡 쌓아 올리는 도시 경쟁력의 또 다른 형식이다. 도시가 경쟁하는 방식이 바뀌었고 일본의 건축도 그 흐름에 맞춰 조용히, 그러나 깊이 있게 진화하고 있는 것이다.

> "건축은 단순히 공간을 만드는 일이 아니다.
> 삶을 담는 그릇을 만드는 일이다."
>
> ― 안도 다다오(Tadao Ando)

런던, 곡선으로 도시의 표정을 다시 쓰다

어떤 건물은 도시의 문을 연다. 다른 건물은 도시의 기억 위에 새로운 층을 쌓는다. 그리고 또 다른 건물은 도시의 표정을 완전히 바꿔 놓는다. 런던에 처음 '거킨The Gherkin'이 모습을 드러냈을 때 사람들은 당황했다. '도대체 저건 뭐지?' 공식 명칭은 30 세인트 메리 액스다. 하지만 사람들은 이 곡선형 유리 타워를 곧 '오이 피클'이라는 별명으로 부르기 시작했다. 그 별명에는 단지 외형에 대한 유머만 담긴 것이 아니었다. 익숙했던 스카이라인을 거침없이 흔든 새로운 시도에 대한 놀라움, 그리고 전통적인 직사각형 초고층을 뒤엎은 과감한 실험에 대한 반응이기도 했다. 누가 처음 이 건물을 상상했을까?

영국을 대표하는 건축가 노먼 포스터Norman Foster와 그의 설계사무소 포스터 앤 파트너스Foster+Partners는 단지 런던 중심에 높고 멋진 빌딩 하나를 세우는 데 관심이 있었던 것이 아니다. 그들의 목표는 보다 근본적이었다. 도시가 직면한 에너지, 환경, 기후 문제에 대해 건축으로 해답을 제시하는 것이었다. 30 세인트 메리 엑스는 이런 질문에 응답

30 세인트 메리 액스
©HEENAL

하는 구조물이었다.

유선형의 원뿔형 외관은 바람의 흐름을 조절하며 풍하중을 최소화했고, 더블스킨 구조와 자연 환기 시스템은 에너지를 기존 마천루 대비 약 50퍼센트 절감할 수 있도록 설계되었다. 6층마다 배치된 스카이 가든은 일반적인 실내 정원을 넘어, 외부 공기를 유입시키는 환기창의 기능을 수행하며 도심 속 '호흡하는 빌딩'으로 작동했다. 이 빌딩은 마치 이렇게 말하는 듯하다. '나는 높기 위해 지어진 것이 아니라 더 효율적으로 살기 위해 높아졌다.' 그럼에도 질문은 멈추지 않았다.

'왜 굳이 이런 모양이어야 했을까?'

'런던의 오래된 도시 풍경과 어울릴 수는 있을까?'

런던은 전통의 도시였다. 세인트 폴 대성당, 타워 브리지, 버킹엄 궁전. 시간의 결이 켜켜이 쌓인 풍경 속에 이 곡선형 유리 빌딩은 너무 낯설고 너무 튀었다. 일부 언론은 이 건물을 '뚱뚱한 은행가의 스타킹 슈트'라고 조롱했고, 또 다른 이는 '공공장소에 세워진 거대한 어뢰'라고 불렀다. 익숙함을 거스르는 디자인은 때때로 모욕의 언어를 불러오곤 했다.

그러나 도시는 결국 시간 속에서 건물을 평가한다. 이제 거킨은 런던 현대 건축의 상징으로 자리잡았고, 곡선의 아름다움과 기술적 혁신을 함께 품은 구조물로 기억되고 있다. 그것은 건축이 도시와 타협하면서도 자기 고유의 개성을 끝내 지켜 낸 드문 사례였다. 그렇다면 왜 영국은 더 높은 건물보다 더 복합적인 건물을 추구할까? 왜 런던의 스

더 샤드
영국에서 가장 높은 건물은 310미터 높이의 더 샤드로
사무소와 호텔 용도로 2012년에 완공되었다.

카이라인은 높이의 경쟁 대신 도시와의 조화를 고민하는 것일까? 이 지점에서 다시 질문은 시작된다. '건축은 도시를 닮아야 하는가, 도시를 이끌어야 하는가?' 건축은 도시를 설득해야 한다. 그리고 도시가 그것을 받아들일 준비가 되었을 때, 비로소 진짜 랜드마크가 된다.

"지속 가능한 디자인은 유행이 아니다.
그것은 우리 시대의 의무다."

— 노먼 포스터

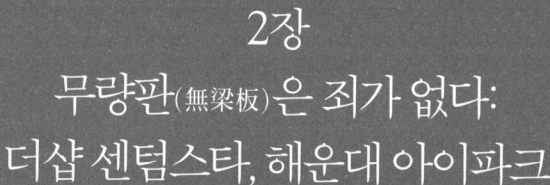

2장
무량판(無梁板)은 죄가 없다:
더샵 센텀스타, 해운대 아이파크

SKYSCRAPERS

더샵 센텀스타
©HEENAL

무량판의 실패

건물은 마치 한 도시의 신념처럼 버티고 서 있다. 수천 톤의 콘크리트와 철근이 오랜 시간 얽히고 엉켜 가며 완성된 그 구조물을, 우리는 대개 의심 없이 바라본다. 그러나 믿음이라는 것도 예상치 못한 균열에서부터 무너지는 법이다.

그날도 그랬다. 삼풍백화점 붕괴 사고.

'무량판 구조'라는 말을 대중의 뇌리에 각인시킨 잊을 수 없는 비극의 이름이다. 우리는 여전히 묻는다. '어떻게 그런 붕괴가 가능했을까.' 사실 '무량판'이라는 단어 자체가 오해를 불러일으킬 여지는 있다. 없을 무無, 대들보 량梁, 널빤지 판板. 말 그대로 '보가 없는 평판 구조'를 뜻하며, 기둥과 바닥판만으로 하중을 지탱하는 방식이다. 조금 쉽게 설명하자면 무량판 구조는 커다란 탁자와 비슷하다.

일반적인 탁자를 떠올려 보면, 다리 4개 위에 하나의 평평한 판이 얹혀 있다. 무량판 구조에서도 다리 4개는 '기둥'이 되고, 그 위의 판은 '슬래브', 즉 바닥판이 된다. 이 구조에서는 판을 떠받치고 그 하중을

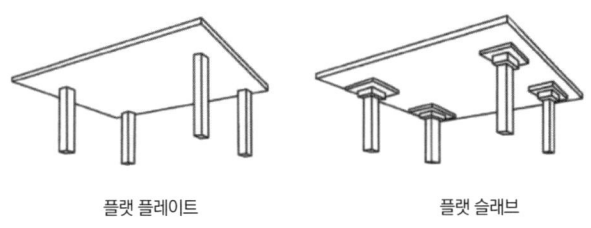

플랫 플레이트   플랫 슬래브

무량판 구조

기둥으로 전달하는 보Beam가 없다. 그렇다면 정말로 '보가 없었기 때문에' 건물이 무너졌던 것일까?

건축에서 보는 기둥과 기둥 사이를 연결하면서 슬래브에 걸리는 하중을 분산시키는 역할을 한다. 무량판 구조는 이 보를 생략하는 방식으로 시공 속도를 높이고 공간을 더 효율적으로 활용할 수 있다. 하지만 그만큼 중요한 부분이 있다. 바로 기둥과 슬래브가 만나는 '접점'이다. 하중이 집중되는 이 부위는 구조적으로 가장 민감하게 설계되고 정밀하게 시공되어야 한다. 작은 오차가 누적되면 그 결과는 결코 작지 않다.

그런데 삼풍백화점은 이 구조 시스템에서 가장 취약한 고리를 의도적으로 방치했다. 아니, 보다 정확히 말하면 무지했고, 그 무지를 선택했다고 해야 옳을 것이다. 애초에 이 건물은 4층 규모의 쇼핑몰로 설계되었으나 건축주는 이를 5층짜리 백화점으로 바꾸겠다고 고집했다. 이에 대해 시공사였던 우성건설은 구조적 위험성을 이유로 반대했고, 결국 계약은 파기되었다. 이후 공사는 건축주의 또 다른 회사인 삼풍건설산업이 이어받았다. 그때부터 일어난 일들은 '총체적 부실'이라는 표현만으로는 설명이 부족할 정도였다. 설계도면에는 하중을 분산시키기 위한 지판Drop Panel이 명확히 표기되어 있었지만, 실제 시공 단계에서는 그 두께가 설계 기준에 한참 못 미쳤거나 아예 생략되기도 했다.

철근 문제도 심각했다. 기둥과 슬래브의 연결 부위는 철근을 ㄴ자 형태로 꺾어 일종의 제동 장치처럼 작용해야 하지만, 시공에서는 이 과정을 무시한 채 단순히 길이만 늘려 이어 붙였다. 기둥의 지름은 설계보다 25퍼센트나 줄어들었고, 일부는 아예 구조적으로 기능할 수 없을 만큼 잘려 나갔다.

더욱 심각한 것은 에스컬레이터를 설치하기 위해 기둥의 4분의 1을 절단한 부분도 있었다는 점이다. 이뿐만이 아니었다. 5층 식당가는 좌식 난방 설비와 대형 주방기기를 설치하면서 하중이 크게 증가했고, 옥상에는 냉각탑이 설치되었다. 냉각탑은 설계 하중의 4배에 달했고, 위치를 옮기기 위해 크레인 대신 롤러를 사용하는 바람에 옥상 전체 구조물에 비정상적인 압력이 가해졌다.

도대체 무엇이 문제였을까? 설계? 시공? 아니면 그것을 묵인하거나 승인했던 행정 시스템? 혹은 유지관리 부실? 분명한 것은 구조적 안전에 대한 가장 기본적인 개념조차 무시한 채 삼풍백화점이 세워졌으며, 삼풍백화점 붕괴 사고는 결국 502명의 소중한 생명을 앗아간 최악의 인재로 기록되었다는 사실이다.

삼풍백화점 붕괴 이후, 무량판 구조는 곧 위험한 구조로 인식되기 시작했다. 언론은 이를 '공포의 구조'로 표현했고, 대중은 구조물 자체를 의심의 눈초리로 바라보았다. 그러나 정작 구조 그 자체는 범인이 아니었다. 이런 오해는 시간이 지나면서도 반복되었다.

2022년, 광주 화정동 아파트 공사 현장에서 건물 외벽이 그대로 무너져 내리는 충격적인 장면이 공개되며 전국을 경악에 빠뜨렸다. 그 영상은 구조적 신뢰를 무너뜨렸고, 사람들은 또다시 묻기 시작했다. '왜 또 무량판인가?' 2023년에는 인천 검단 아파트 지하주차장에서 붕괴 사고가 발생했다. 이번에는 인명 피해가 없었지만 사고의 양상은 이전과 놀랍도록 닮아 있었다. 무량판 구조, 전단 보강근의 누락, 콘크리트 품질 저하, 그리고 시공·설계·감리 전반에 걸친 관리 부실. 결국 문제가 된 것은 구조 시스템이 아니라 그 시스템을 제대로 다루지 못한 사람들의 태도였다.

그럼에도 대중은 여전히 구조 그 자체를 의심한다. '무량판 아파트'라는 말만 들어도 불안하다는 이들이 늘었다. 하지만 사실 무량판 구조는 전 세계적으로 오랫동안 사용되어 온 안정적인 공법이며, 국내에서도 수십 년간 별다른 문제없이 적용되어 왔다. 전문가들이 "무량판은 죄가 없다."라고 말하는 이유는 감정적인 호소가 아니라 수많은 실증적 사례에 기반한 판단이다. 다만 이 구조는 수평 하중, 특히 지진에 다소 취약한 특성이 있기 때문에 내진 설계가 엄격한 일본 등에서는 거의 사용하지 않는다. 그 대신에 일본은 내진, 제진, 면진 기술을 종합적으로 적용해 건물의 구조적 안정성을 확보하는 방향으로 초고층 설계를 이어 가고 있다.

최근 미얀마 만달레이에서 발생한 규모 7.7의 강진은 약 1,000킬로미터나 떨어진 태국 방콕까지 진동을 전달했다. 이 지진의 여파로, 방콕 짜뚜짝 시장 인근에서 3년간 약 867억 원을 들여 건설 중이던 33층짜리 태국 감사원 청사가 붕괴하는 사고가 발생했다. 이미 무량판 구조 시스템의 뼈대 공사가 완료된 상태였음에도 건물은 진동을 견디지 못한 채 무너져 내렸고 인명 피해도 뒤따랐다.

지진의 영향은 직접적인 진앙에서 멀리 떨어진 도심 속 고층 건물에까지 확연히 전해졌다. 이는 지진이 국지적 현상이 아니라 구조물 전체의 안전성을 다시 묻는 계기가 되었다. 이제 우리나라 역시 더 이상 '지진의 안전지대'라고 할 수 없다. 특히 무량판 구조를 채택하는 경우, 지진하중에 대한 충분한 고려와 공법에 대한 이해, 시공과 유지관리까지 전방위적인 대응 체계가 반드시 필요하다. 구조 방식의 선택만으로는 안전을 보장할 수 없다.

결국 질문은 이렇게 귀결된다. '어떤 구조 방식이 더 안전한가?'가 아니라 '그 구조를 누가 어떻게 설계하고 시공했는가?'가 더 중요하다는 것이다. 안전은 구조 형식의 문제가 아니라 설계자와 시공자, 감리자, 그리고 이를 승인하고 감독하는 행정 주체가 모두 각자의 책임을 다했는가에 달려 있다. 건축 구조물은 결국 책임의 총합이다. 윤리의 문제다.

"모든 기술은 인간의 의도만큼만 안전하다."
— 니나 쉬크의 "기술은 인간의 의도를 증폭시킬 뿐"이라는 명제를 떠올리며

무량판의 성공

실패한 구조도 다시 신뢰받을 수 있을까? 한번 무너졌던 방식이 다시 도시를 떠받칠 수 있을까? 전문가들은 입을 모은다. 문제가 된 것은

무량판 구조가 아니라 그것을 다루는 손이었다고. 그 말은 단순한 변명이 아니다. 정확한 설계와 적절한 시공이 이루어진다면 무량판 구조는 여전히 가장 효율적이고 강력한 구조 방식 중 하나다.

무량판 구조의 가장 분명한 장점은 공간의 변화다. 보가 없다는 것은 곧 천장이 평평하다는 뜻이다. 그만큼 시야가 넓어지고 개방감이 생기며, 공간 활용의 가능성도 확장된다. 특히 넓은 면적이 요구되는 주차장이나 상업시설에서 이 장점은 더욱 뚜렷하게 드러난다. 아파트도 예외는 아니다. 층수 제한이 있는 조건에서 한 층이라도 더 확보하려면 구조를 얇게 구성해야 한다. 보가 없는 무량판 구조는 바로 현실적인 해답이었다. 게다가 이 구조는 공간을 보다 유연하게 만든다. 내부에 구조적 제약이 줄어드는 만큼 가벽을 자유롭게 배치할 수 있고, 주방·거실·방을 생활에 맞춰 유동적으로 구성할 수 있다.

생활 환경도 바뀐다. 무량판 구조에서는 슬래브를 보다 두껍게 만들 수 있어 층간 소음 문제를 줄이는 데 유리하다. '위층 발소리가 들리지 않는 집'은 이제 더 이상 과장된 표현이 아니다. 공사 측면에서도 장점은 명확하다. 보를 만들지 않아 자재가 줄고 공정이 단순해져서 전체적인 시공 기간도 단축된다. 무량판은 경제적인 구조 방식이다.

하지만 모든 구조 방식은 이익과 불이익을 함께 가진다. 무량판이 경제적 효율을 제공한다면 그에 상응하는 부담은 어디에서 발생하는가? 바로 기술적 관리다. 무량판 구조는 기둥과 슬래브의 접점에 하중이 집중되므로, 구조적 원리를 완전히 이해한 전문가의 정밀한 관리가 필수적이다. 설계부터 시공, 유지 관리까지 모든 과정에서 구조에 대한 깊은 이해와 책임 있는 태도가 요구된다. 무량판 구조는 약하지 않다. 문제는 언제나 구조가 아니라 그것을 다루는 인간의 태도다. 건축의 실패는 벽돌이 아니라 판단에서 시작된다.

삼풍백화점 붕괴 사고 이후, 한국은 무량판 구조를 외면했다. 모두가 거리를 두었다. '무량판은 위험하다'는 불신은 건설사의 판단을 바꾸었고, 설계자와 시공사도 더 이상 그 구조 방식을 선택하지 않았다. 무량판 자체에 문제가 없다는 사실을 하나하나 설명하고 설득하기보다는 애초에 시도조차 하지 않는 길을 택한 것이다.

하지만 세계의 흐름은 달랐다. 미국은 오히려 무량판 구조를 더 넓고 높게 적용하고 있었다. 선진국은 이 구조를 더욱 발전시켜 나간 반면 후진국은 이를 두려워하며 멀리했다. 우리는 그 사이에 한 발짝 뒤로 물러섰다. 무량판 구조 분야만큼은 스스로 후진국이 되기를 선택한 셈이었다.

그러던 중, 이런 흐름을 되돌리려는 움직임이 시작되었다. 삼성동 아이파크 프로젝트가 바로 그 전환점이었다. 이 자리는 원래 한국중공업 본사가 있던 곳으로 철거에만 1년이 걸렸다. 그동안 프로젝트 팀은 질문을 던졌다. '무량판 구조를 다시 시도해 볼 수는 없을까?' 답을 찾기 위해 그들은 미국 뉴욕을 방문했다. 이미 초고층 무량판 건물이 실제로 존재하는 그곳에서 직접 눈으로 확인한 사람들은 말했다. '개방감이 다르다. 공간이 살아 있다.' 현장에서는 미국 구조기술자의 조언을 받아 설계를 정교하게 다듬었고, 시공은 원칙을 철저히 따랐다. 그 결과, 삼성동 아이파크는 국내 최초로 40층 이상 규모의 무량판 초고층 건물로 완공되었다. 이 건물은 단순한 아파트가 아니라 구조적 신뢰를 회복한 하나의 상징이 되었다.

2013년에 삼성동 아이파크에 민간 헬기가 충돌했을 때, 아파트 외벽이 일부 손상되었지만 건물의 구조에는 아무런 문제가 없었다. 이는 말보다 강력한 증거였다. 무량판은 무너진 적이 없다는 사실을 가장 확실하게 증명한 사례였다. 그날 이후 사람들의 시선은 조금씩 달라지기 시작했다.

무량판은 다시 선택지로 떠오르고 있다. 서울을 비롯한 수도권, 그리고 일부 초고층 건물에 이르기까지 이 구조 방식은 조용하지만 분명한 속도로 복귀하고 있다. 구조는 언제나 중립적이다. 문제는 그것을 다루는 사람에게 있다. 부실한 설계, 무리한 변경, 책임 없는 감리는 결국 구조를 무너뜨린다. 무량판 구조가 잘못된 것이 아니라 무책임한 손길이 죄를 만든다. 이제 우리는 되물어야 한다. '우리가 탓해야 할 대상은 구조인가, 아니면 그것을 다룬 태도인가?' 삼풍백화점 붕괴 사고는 구조 방식의 실패가 아니라 인간의 실패였다. 삼성동 아이파크는 그것이 사실임을 보여 주는 또 하나의 반론이자 대답이었다.

"건축의 구조는 단순한 기술이 아니라 책임이다."
—파즐러 라만 칸

무량판 초고층 주거의 탄생

바다는 언제나 수평의 세계였다. 끝없이 이어지는 물결과 하늘 사이에는 오직 수평선만이 존재했다. 그런데 어느 순간부터 고요한 풍경 속에 새로운 선이 모습을 드러내기 시작했다. 바로 수직선이었다.

부산은 그 변화의 중심에 서 있었다. 2003년, 부산 최초로 60층 주상복합 아파트 '더샵 센텀스타'가 등장하면서 도시의 스카이라인은 전환점을 맞았다. 그로부터 3년 뒤, 해운대에는 한 걸음 더 높이 올라선 건물이 세워졌다. 바로 '해운대 아이파크'다. 지상 72층, 높이 292.4미터로 이는 대한민국 주거 건축의 기준을 새롭게 정의하는 순간이었다. 하지만 이 건물이 주목받은 진짜 이유는 따로 있었다. 바로 이 초고층 건물이 무량판 구조로 지어졌다는 사실이다.

무량판은 고층에 적합하지 않다? 위험하다는 편견이 따라붙는 구조 방식이다? 해운대 아이파크는 그런 고정관념을 정면으로 깨뜨린 첫 사례였다. 기둥과 슬래브로만 구성된 무량판 구조는 설계와 시공에서 극도의 정밀함을 요구한다. 작은 오차 하나에도 전체 구조의 안정성이 영향을 받을 수 있기 때문이다. 그래서 해운대 아이파크는 설계 초기 단계부터 고도화된 구조 해석이 병행되어야 했고, 그 과정을 통해 무량판 구조가 초고층에서도 충분히 안전하고 기능적으로 구현될 수 있음을 증명해 냈다.

특히 이 건축에서 핵심이 된 기술은 바로 '기둥 축소량 해석'이었다. 건물이 높아질수록 위층과 아래층 사이에서 기둥이 받는 하중이

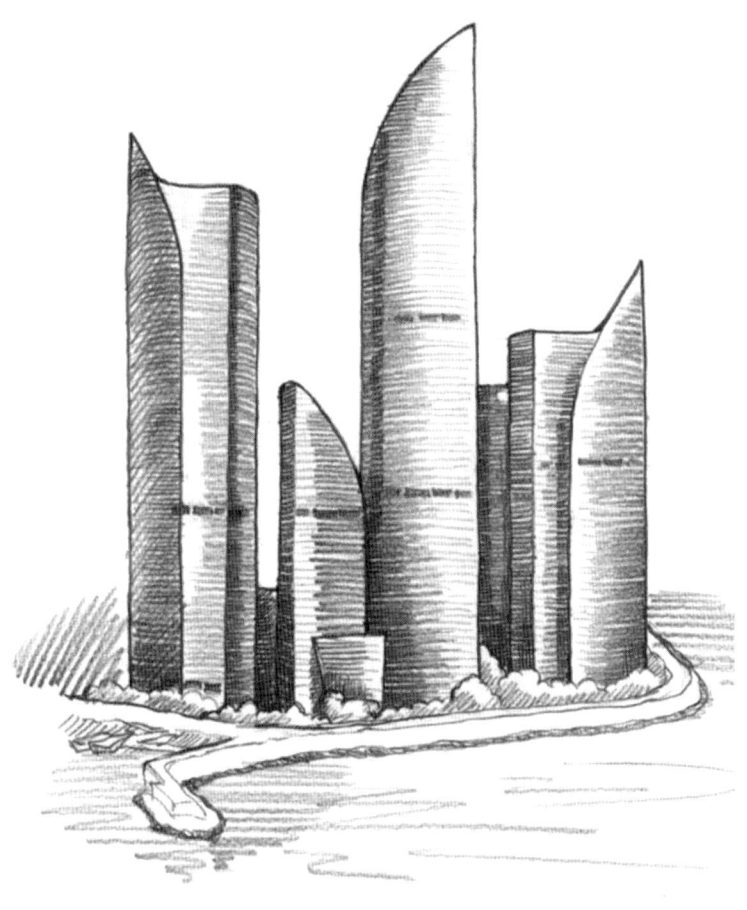

해운대 아이파크
ⒸHEENAL

달라지고, 시간의 흐름에 따라 기둥은 서서히 압축되며 아주 미세하게 줄어든다. 이처럼 축소가 발생하면 각 층 사이에 미묘한 높이 차이가 생기고, 이를 사전에 예측하고 조정하지 않으면 다양한 문제가 발생한다. 창호 틀이 어긋나고 마감재는 갈라지며, 전체 건물 구조에 뒤틀림이 생길 수 있다. 해운대 아이파크는 이런 위험을 예방하기 위해 설계 단계에서 기둥 축소량을 정밀하게 해석했으며, 시공 단계에서도 계측 센서를 활용해 실시간으로 변형을 모니터링하며 정밀 시공을 이어갔다.

또한 이 건물은 바닷가에 위치한 초고층이라는 특성상 바람의 영향도 무시할 수 없었다. 풍하중, 지진하중, 수평진동 등 복합적인 외부 힘에 대한 대비책을 모두 포함한 내진 설계가 적용되었고, 이로 인해 구조적 안정성뿐만 아니라 전체 시스템의 통합적 완성도가 높아졌다. 그 결과, 해운대 아이파크는 무량판 구조로 지어진 초고층 주거 건축의 새로운 표준이 되었고, 이 건물은 일반적인 주거 공간을 넘어 정밀한 기술과 구조 해석이 결합된 공학적 예술로 평가받고 있다.

'기술이 부족해서가 아니라 기술을 더한다면 가능하다.'라는 사실을 해운대 아이파크는 분명히 보여 주었다. 이 건물은 단지 높이만을 자랑하는 구조물이 아니라 고도의 정밀함과 공학적 분석이 집약된 결과물이었다. 이후 한국의 고층 주거 건축은 서서히 달라지기 시작했다. 기존의 일반적인 벽식 구조를 넘어 개방감과 공간 효율, 그리고 정교한 구조 해석을 바탕으로 한 무량판 초고층 주거 건물이 하나씩 세워지기 시작한 것이다. 해운대는 그 변화의 시발점이었다. 해운대 아이파크는 한국 초고층 무량판 구조의 새로운 가능성을 연 출발점이 되었다.

"좋은 구조란 그 안에 사는 사람조차 구조를 잊게 만든다."

― 피터 라이스(Peter Rice)

3장
빨강색 기둥의 정체 :
여의도 파크원

S K Y S C R A P E R S

여의도 파크원

여의도의 강렬한 빨강

서울의 스카이라인이 달라졌다. 그 변화의 중심에는 낯설지만 눈을 뗄 수 없는 하나의 색이 떠올랐다. 여의도의 심장부에 붉게 새겨진 건물, 이름은 파크원이다. 축구장 6개 반 크기의 너른 대지 위에 건물 4개가 나란히 들어섰다. 지하 7층, 지상 69층의 타워 1과 지상 53층의 NH금융타워타워 2, 8층 규모의 더현대 서울, 그리고 31층 높이의 페어몬트 앰배서더 호텔까지.

여의도에서 가장 높으며, 국내 전체로 보아도 세 번째로 높은 건물이다. 그럼에도 사람들은 어김없이 묻는다. '이 건물, 세계 순위로는 몇 위야?' '한국에서 제일 높은 건물은 아니네?' 우리는 여전히 건축을 숫자로 재려고 하고, 높이라는 기준으로만 평가하려고 한다. 그런 시선에서는 파크원이 조금 아쉽게 보일지도 모른다. 하지만 이 건물이 우리에게 남긴 것은 그런 수치가 아니다. 사람들의 기억에 먼저 떠오르는 것은 높이가 아니라 색, 기록이 아니라 인상이다. 그리고 그 인상은 단 하나의 색으로 요약된다.

빨강.

여의도의 빌딩 숲은 회색이다. 유리와 철근, 콘크리트와 구름이 뒤섞인 풍경은 어느새 색을 잃고 모든 것이 톤 다운되어 버렸다. 회색의 바다 속에서 파크원은 유일하게 붉다. 구조 또한 이질적이다. 대부분의 초고층은 구조를 감춘다. 유리 커튼월 뒤에 철골을 숨기고, 건물의 무게와 견고함마저 미학이라는 이름 아래 덮어 버린다. 하지만 파크원은 달랐다. 이 건물은 구조를 숨기지 않았다. 오히려 밖으로 끌어내어 강렬한 빨강으로 칠한 철골을 그대로 드러냈다. 마치 건물이 스스로를 향해 말하는 듯한 모습이었다. '나는 여기에 있다.'

도시 속 그 어떤 건물도 자신을 이렇게 노골적으로 드러낸 적은 없었다. 그래서 이 과감한 선택은 시선을 사로잡았고, 동시에 낯선 오해도 불러일으켰다. '중국 자본이 들어간 거 아니야?' '부지 소유주였던 통일교의 영향 아니야?' 심지어 누군가는 아직 공사 중이라고 생각하기도 했다. 노출된 철골이 마치 미완성처럼 보였기 때문이다.

그런 오해를 알면서도 왜 그랬을까? 왜 군이 구조를 드러내고, 왜 군이 붉은색을 선택한 것일까? 건축가는 숨기지 않기로 결심했다. 익숙함 대신 낯섦을 택했고 침묵보다 발언을 택했다. 그렇다면 그는 도대체 무엇을 말하고 싶었던 것일까?

파크원의 설계자 리처드 로저스Richard Rogers는 도시와 끊임없이 대화해 온 건축가였다. 그는 자주 말했다. "건축은 사람의 정신을 고양하고, 사회와 소통해야 한다." 파크원에는 그의 건축 철학이 분명히 반영되어 있다. 구조를 숨기지 않고 외부에 드러냈으며, 색채 역시 의도적으로 강하게 설정되었다. 이는 단순한 디자인 선택이 아니라 기능과 표현의 경계를 의식한 결정이었다.

건축은 단지 형태를 만드는 일이 아니다. 어떤 방식으로 공간을 구성하고, 어떤 방식으로 도시와 관계를 맺을지를 드러내는 작업이다. 파크원의 붉은 구조는 그 의도를 명확히 보여 준다. 그리고 동시에 그것은 그의 마지막 인사이기도 했다. 안타깝게도 이 프로젝트는 리처드 로저스의 마지막 작품이 되었다. 그는 2021년에 세상을 떠났고 파크원은 그의 유작으로 남았다.

그렇기에 이 빨강은 단지 색이 아니다. 도시를 향해 남긴 한 건축가의 마지막 한마디이며, 회색 도시 속에 남겨진 생생한 목소리다. 도시의 형태는 반복되고 그 안의 건물도 비슷해진다. 그 속에 그는 하나의 색을 던졌다. 단조로운 여의도에 생명력을 불어넣었고, 도시의 숨겨진 구조를 밖으로 꺼내 보였다. 이 건물은 높이나 면적으로 설명되지 않는다. 건축은 단순한 형태가 아니라 태도이며, 눈에 보이는 구조가 아니라 그 구조가 담고 있는 의지다.

"건축물은 삶을 기념하는 장이 되어야 한다."
— 리처드 로저스

하이테크 건축의 거장, 리처드 로저스

리처드 로저스는 기술을 사랑한 건축가였다. 재료와 구성, 시공법에 이르기까지 그에게 건축은 실험이자 표현의 수단이었다. 모더니즘의 구조적 토대 위에 기능주의의 논리를 얹고, 그 위를 기술로 감싸며 '하이테크'라는 새로운 양식을 만들어 냈다. 이름처럼 대담하고 무엇보다 솔직한 건축이었다.

1977년, 프랑스 파리의 중심에 세워진 퐁피두 센터는 리처드 로저스의 정체성을 가장 뚜렷하게 드러낸다. 젊은 시절에 건축가 렌조 피아노Renzo Piano와 함께 설계한 이 건물은 파리의 고풍스러운 거리 한복판에서 단연 이질적인 풍경을 만든다. 철골과 배관, 엘리베이터는 모두 내부가 아닌 외부로 돌출되어 있다. 일부는 이를 가리켜 '흉물'이라 했고, '공사가 끝나지 않은 것 같다'는 평가도 뒤따랐다. 심지어 '내장이 튀어나온 미술관'이라는 조롱까지 있었다.

하지만 그는 흔들리지 않았다. 왜 안에 있어야 할 것을 굳이 밖으로 꺼냈느냐는 질문에 이렇게 답했다. "건축은 기능과 아름다움이 만나는 지점에서 완성된다." 퐁피두 센터는 그 말의 실현이다. 구조와 설비를 외부로 배치하면서 내부는 비워졌다. 그 결과 관람객에게는 더 넓고 더 유연한 전시 공간이 제공되었다.

로저스는 또 말했다. "내 건축은 쉽게 읽히고, 가볍고, 유연하다. 사람들이 건물을 볼 때 그 구조가 어떻게 세워졌는지를 읽을 수 있어야 한다." 그는 기술을 숨기지 않았다. 오히려 드러냈고 색을 입혔다. 파랑은 공기, 초록은 물, 노랑은 전기, 빨강은 이동. 그의 건축은 구조를 숨기지 않고 표현하는 기술이었고 동시에 감각적으로 받아들이는 과학이었다.

서울 여의도의 파크원 역시 그렇다. 건물의 모서리마다 날카롭게 튀어나온 빨간 철골은 리처드 로저스라는 건축가의 이름을 도심에 각인시키는 명함과도 같다. 그렇다면 이 강렬한 빨강은 어디에서 온 것일까?

로저스가 자란 도시는 런던이다. 이탈리아 피렌체에서 태어난 그는 여섯 살에 영국으로 이주했고, 이후 영국건축협회 건축학교에서 수학하며 건축가로서 길을 걸었다. 그의 대표작인 런던 로이드 보험 빌딩과 그리니치의 밀레니엄 돔은 도시 속에서 기능과 구조를 드러낸 하이테크 건축의 전형이 되었다. 로저스는 단지 건물을 짓는 것에 그치지 않았다. 도시 계획에도 적극적으로 참여했고, 그 공로를 인정받아 1991년에는 영국 왕실로부터 기사 작위를 받았다.

그가 기억하는 런던은 색의 도시였다. 빨간 이층버스와 그 안에 매달린 노란 손잡이의 대비는 그의 건축 디자인 속 색채 감각과 자연스럽게 이어진다. 도시와 건축이 시각 언어로 대화하는 방식. 그에게 건축은 단순히 공간을 점유하는 행위가 아니었다. 도시의 풍경을 바꾸고, 사람들의 기억을 건드리며, 일상의 장면을 다시 설계하는 일에 가까웠다.

퐁피두 센터에서 리처드 로저스와 함께 일했던 마이크 데이비스Mike Davies는 RSHP Rogers Stirk Harbour+Partners의 공동 설립자이자 현재 수석 파트너다. 그는 철저히 '빨강'을 선택한 사람이다. 셔츠, 정장, 신발, 시계, 휴대폰 케이스는 물론이고 머리 끈까지 모두 빨간색이다. 도면을 그릴 때도 빨간 펜을 쓰고, 붉은색 재규어를 타고 다닌다. 그는 말한다. "나는 오직 나에게만 빨강을 강요한다." 빨강은 단지 취향이 아니라 자신만의 규칙이며 삶의 태도다. 그렇게 축적된 빨강은 그의 개성을 넘어 정체성이 되었고, 자연스레 RSHP의 디자인 철학에도 깊은 영향을 미쳤다.

 그렇다면 서울의 파크원은 왜 그렇게 붉은색일까. 이 프로젝트를 맡았던 RSHP의 파트너 이반 하버는 한 인터뷰에서 이렇게 말했다. "색을 고르는 일은 매우 개인적인 작업입니다. 우리는 붉은색을 선택했습니다. 그 색이 따뜻했기 때문이죠. 한국의 다리들을 보며 생각했습니다. 붉은색은 구조의 색이구나. 이 건물도 마치 하나의 수직적인 다리처럼 보였거든요." 물론 한강 다리의 붉은색은 부식 방지를 위한 노출 철골용 페인트에서 비롯된 것이다. 하지만 한국의 협력 설계팀이 '붉은색의 역사'를 설명해 주자 그 순간 건축가들의 머릿속에 전통 단청이 스쳤을지도 모른다. 궁궐의 자줏빛 문양처럼 권위와 품격을 담은 색. 이반 하버는 이렇게 덧붙였다. "서울은 흰색이 많은 도시입니다. 자동차도 대부분 흰색이나 검정이고요. 그런데 빨간 차가 지나가면 모두 놀랍니다. '우와, 빨간 차네!' 건물도 그럴 수 있다고 생각했습니다."

 물론 파크원의 빨강이 처음부터 환영받았던 것은 아니다. 서울시 건축심의 과정에서 반대 의견이 적지 않았다. 녹슨 철처럼 보일 수 있다는 이유였다. 일부 심의위원은 색상 변경을 요구했고 논쟁이 이어졌다. 그때 한 인사가 이렇게 말했다. "이 건물은 리처드 로저스의 작품입니다. 그의 디자인을 우리가 바꿀 수는 없습니다." 그 한마디가 흐름을 바꾸었다. 결국 파크원은 원안 그대로 완공되었고 강렬한 빨강은 여의도에 또 하나의 상징을 남겼다. 강변북로나 올림픽대로에서 단번에 알아볼 수 있는 건물로, 기억 속에 각인되는 외관으로.

그런데 한국에는 리처드 로저스의 이름이 걸린 건물이 하나 더 있다. 바로 목동에 위치한 SBS 사옥이다. 하지만 이 건물은 그의 작품이라기보다는 단지 그의 이름만 거쳐간 건물에 가깝다. 1997년에 IMF 위기로 인해 설계가 보류되었고, 이후 1999년 국내 설계진이 규모를 축소해 마무리하면서 원래의 디자인은 대부분 사라졌다. 그 과정에서 리처드 로저스의 색이 지워졌고, 그의 건축 작품집 어디에도 이 건물은 기록되어 있지 않다. 그에게 건축은 철저히 자신만의 언어로 말해야 하는 작업이었다. 그 언어가 사라진 건물은 더 이상 그의 것이 될 수 없었다. 결국 파크원이 그의 마지막 건축이 되었고, 마지막 프로젝트가 서울 여의도에 있다는 사실은 건축사적으로도 깊은 의미를 지닌다.

파크원은 리처드 로저스가 생애 끝까지 고집했던 건축 철학, 구조에 대한 태도, 그리고 색에 대한 집요한 실험이 모두 응축된 결과물이다. 그는 말했다. "랜드마크는 높이로 결정되지 않는다. 디자인으로 기억된다." 그리고 그 디자인은 여전히 여의도 중심에서 도시의 풍경을 구성하는 한 축으로 남아 있다. 기억은 때로 형태보다 명확한 색과 구조에서 시작된다.

> "건축은 과거에 비추어 측정되며
> 현재를 위해 지어지고
> 본질적으로 알 수 없는 미래를 상상하려는 시도다."
> ― 리처드 로저스

빛, 공간, 자연이 만난 도심 속 미래형 백화점

여의도에 백화점이 들어섰다. 하지만 이 백화점은 기존과는 전혀 달랐다. 외관부터 내부 구성까지 낯선 감각이 묻어났고, 공간은 이전과 다른 방식으로 사용자를 맞이하고 있었다. 더현대 서울. 단순한 쇼핑 공간이라기보다는 건물 전체가 하나의 경험이 되고 공간이 주체처럼 움직이는 복합 문화 공간이다.

이 백화점은 파크원의 중심부에 자리 잡고 있지만 본래 백화점을 위해 설계된 건물은 아니었다. 당시 여의도는 '백화점의 무덤'으로 알려졌다. 어느 유통사도 이곳에 입점을 원하지 않았다. 처음 이 부지에 계획된 건물은 백화점이 아니라 IFC몰처럼 개별 브랜드 매장이 입점하는 '몰' 형태였다. 하지만 골조 공사가 거의 마무리되던 시점, 현대백화점이 입점 의사를 밝히면서 계획이 바뀌었다. 만약 처음부터 백화점을 전제로 설계했다면 지금의 더현대 서울은 존재하지 않았을지도 모른다. '몰'이라는 원형 구조 덕분에 기존 백화점의 문법에서 벗어난 유연한 공간 구성이 가능해졌고, 그것이 결과적으로 새로운 백화점의 모델을 만들어 냈다.

기존의 백화점을 떠올려 보자. 대부분 창문이 없다. 자연광은 들어오지 않고 쇼핑에만 몰두하도록 설계되어 있다. 이는 일부러 의도된 것이었다. 햇빛은 상품을 변질시킬 수 있고, 외부의 시간 감각이 차단되면 소비는 더 오래 지속되기 때문이다. 이런 설계는 '기획된 불편'이었다.

하지만 더현대 서울은 기존 백화점의 방식과는 정반대의 길을 선택했다. 건물 중앙에 천창을 두어 자연광이 실내로 스며들게 했고, 내부에는 실제 식물이 자라는 거대한 실내 정원이 조성되었다. 이처럼 자연과 빛을 들인 구성은 단지 인테리어 요소가 아니라 구조설계에서 비롯된 것이다. 특히 건물 내부에 기둥이 보이지 않는 점은 리처드 로저스의 건축 철학이 고스란히 반영된 결과다.

그는 구조를 내부에 감추지 않고 외부로 드러내는 방식으로 공간을 비우는 설계를 지향했다. 더현대 서울 또한 이 원칙을 따랐다. 건물의 기둥은 바닥이 아닌 지붕으로 옮겨졌다. 외부에서 보면 지붕 위에 자리한 대형 붉은색 구조물 8개가 마치 크레인처럼 보인다. 일부 사람들은 이를 보고 공사가 아직 끝나지 않은 줄로 오해하기도 했지만, 이 구조물은 실제로 건물을 지지하는 핵심 요소다. 건축적으로는 하중을 지붕에서 바깥으로 전달하는 트러스 역할을 하며, 시각적으로는 이 건물의 정체성을 만들어 낸다. 이 구조물은 일반적인 장식이 아니라 지붕을 떠받드는 기능을 하는 구조이자 동시에 조형적 요소다. 리처드 로저스의 건축은 언제나 그렇듯 기능과 형태를 분리하지 않는다. 더현대 서울은 그 철학의 연장선에 있는 공간이다.

지붕 위의 구조 또한 예사롭지 않다. 60×60미터 크기의 거대한 방패연 3개가 백화점 전체를 덮고 있으며, 모서리마다 붉은 종이학 8마리가 자리를 잡고 있다. 이 방패연을 지탱하는 학이 바로 빨간 크레인이다. 조형물이자 구조이며, 미학이자 공학의 결과다. 그러나 이 장면은 일반 고객의 시야에는 들어오지 않는다. 지붕은 개방되어 있지 않고, 열린다고 해도 전체를 한눈에 조망하기는 어렵다. 결국 이 구조물은 누군가에게 보여 주기 위한 것이 아니라 건축 자체의 완성도를 위한 장치에 가깝다.

다만 이 건물의 호텔 객실에서 내려다보면 빨간 학과 거대한 연의 형상이 드러난다. 그 순간, 이 구조는 단순한 건축을 넘어 하나의 도시 풍경이 된다. 도심 속 조각 작품이자 하늘을 향해 설치된 설계자의 의도다. 리처드 로저스의 건축은 기능을 넘어 시선과 인지, 감각까지 고려한다. 공간에서 멈추지 않고, 드러나는 부분뿐만 아니라 드러나지 않는 지점까지 설계의 일부로 다룬다.

더현대 서울은 문을 열자마자 방문객으로 북적였고, 매장들은 코로나19 여파 속에서도 기대를 뛰어넘는 매출을 기록하며 성공적으로 출발했다. 놀라운 점은, 이 백화점에 명품 매장이 없다는 사실이다. 심지어 주요 대중 브랜드조차 바로 옆의 IFC몰에 이미 입점해 있는 상황이었다. 그렇다면 더현대 서울은 어떤 방식으로 이 공간을 채워야 했을까?

그들이 선택한 것은 '공간 자체의 힘'이었다. 이제 백화점의 경쟁자는 다른 백화점이 아니라 온라인이다. 상품 구성도 가격 경쟁력도 온라인이 앞선다. 그렇기에 오프라인은 전혀 다른 경험을 준비해야 한다. 더현대 서울은 사람, 자연, 경험이라는 세 가지 키워드를 중심에 두었다. 천창을 통해 햇빛이 들어오고, 6층 슬라브는 아예 제거되어

식물이 자랄 수 있도록 설계되었다. 건물 안에 또 하나의 '건물'을 세운 셈인데, 이 공간은 사운즈 포레스트Sounds Forest라고 부른다. 1층부터 8층까지 기둥이 없는 구조는 수직 방향의 개방감을 극대화했고, 5층에서 6층 사람들이 움직이는 모습이 보이고, 3층에서 4층 사람들의 얼굴이 보이는 시각적 교차가 가능해졌다. 이런 교차는 온라인에서는 결코 경험할 수 없는 사람 간의 물리적 교감이다. 이곳은 그야말로 '사람 구경이 가능한 공간'이 되었다.

쇼핑 환경도 달라졌다. 더현대 서울은 넓은 동선을 확보하기 위해 캔틸레버 공법을 적용해 복도 캐노피를 길게 뽑았다. 폭이 8미터에 가까워서 일반 백화점보다 2~3배 더 넓은 진입 동선을 제공한다. 한국은 사계절이 뚜렷하고 비, 바람, 눈, 미세먼지 같은 기후 변화가 잦다. 주거 공간은 상대적으로 좁고, 외부 환경은 불편함이 많다. 이제 쇼핑 공간은 일반적인 상업시설을 넘어서 넓고 쾌적한 '대공간'을 전제로 설계되어야 했다. 더현대 서울은 기본 매장뿐만 아니라 다양한 팝업 매장을 적극 도입했다. 고객에게 새로운 경험을 지속적으로 제안하면서 끊임없이 변화하는 백화점으로 자리매김했다.

왜 사람들은 랜드마크에서 사진을 찍을까? 디자인, 상징성, 접근성, 프로그램, 편의성. 이 다섯 가지 조건이 모두 충족될 때 공간은 하나의 중심이 된다. 더현대 서울은 모든 조건을 갖추었다. 개장 초기에 5층 발코니 난간에서 사진을 찍기 위해 방문객이 몰리면서 안전요원이 통제를 시작했고, 결국 전용 포토존이 설치되었다. 지하부터 옥상까지 실내외 모든 공간이 자연스럽게 사진 명소가 되었다. 지금의 건축은 기능과 미를 넘어서 기록하고 공유하는 경험이 된다. SNS에 올리고 싶은 공간, 곧 인스타그램용 공간이 성공한 건물의 새로운 기준이 된 것이다.

더현대 서울은 백화점의 새로운 패러다임을 열었다. 이제는 '무엇을 파느냐'보다 '어떤 공간에서 경험하느냐'가 더 중요한 시대다. 상품보다 공간, 소비보다 체험. 이 변화는 단순한 트렌드가 아니라 도시 속 백화점이 나아가야 할 방향을 예고하는 신호다. 더현대 서울은 이 전환점을 정확히 짚어 낸 결과물이다. 파크원이라는 대규모 복합단지의 맥락 안에서 수년간 다듬고 실험하며 완성된 미래형 공간이다. 일반적인 유통시설이 아니라 도시의 흐름과 사람들의 일상에 스며드는 하나의 구조적 해답이다.

"빛은 건축의 핵심이다."
— 루이스 칸(Louis Kahn)

초고층의 유일한 상수, 구조설계

파크원은 무려 13년에 걸쳐 완성된 건물이다. 한때 시공이 멈추었고, 사라질 뻔했고, 다시 붙잡혀 일으켜 세워졌다. 그 과정은 하나의 도시건축사가 되어 여의도의 한복판에 남았다.

이 부지는 원래 통일교 소유였다. 1972년, 여의도가 아직 황량하던 시절 '통일주차장'이라는 이름으로 사용되었다. 그러다 2005년, PFV_{Project Financing Vehicle} 법인인 Y22 금융투자를 통해 1999년에 임대 개발 계약이 체결되었다. 방식은 특이했다. 공시지가의 5퍼센트를 임대료로 제공하고, 99년 후에는 건물을 무상으로 토지주에 반환하는 조건이었다. 당시 서울시는 여의도를 국제금융허브로 육성하고자 했는데, 그중 하나가 여의도 IFC 프로젝트이고 또 다른 하나가 파크원이었다. 파크원은 2007년에 착공에 들어갔다. 시행사와 발주처는 스카이랜 디벨롭먼트, 시공은 삼성물산이 맡았다. 그러나 2010년, 통일교 내부의 갈등이 법정 싸움으로 번졌고, 지상권 무효 소송과 공사 중지 가처분 신청으로 인해 현장이 멈춰 섰다. 철근은 그대로 방치되었고 시간과 함께 녹슬기 시작했다. 소송은 4년 넘게 이어졌다. 현장은 점점 손상되었고 새로운 자금 조달도 어려워졌다. 프로젝트는 마치 이대로 영영 중단될 것처럼 보였다.

전환점은 2016년이었다. NH투자증권이 타워 2를 선매입하고, 시공사도 포스코건설로 변경되면서 공사 재개의 불씨가 살아났다. 이듬해 2017년, 파크원은 다시 움직이기 시작했다. 이후에도 공사는 순탄하지 않았다. 코로나19로 다시 멈추기도 했지만 수많은 난관을 넘긴 끝에 마침내 2020년 7월에 파크원은 완공에 이르렀다. 긴 여정 속에서 시행사도, 설계사도, 시공사도 바뀌었다. 감리사와 엔지니어링 협력사 역시 모두 교체되었다. 삼성물산에서 포스코건설로, 삼우건축에서 시아플랜건축으로 여러 주체가 바뀌며 프로젝트는 수차례 방향을 틀었다. 하지만 단 하나 처음부터 끝까지 바뀌지 않은 것이 있었다. 바로 구조설계자다.

이 프로젝트의 구조설계를 처음부터 끝까지 책임진 곳은 CNP동양^{구 동양구조안전기술}이었다. 이 일관성은 우연이 아니다. 오히려 초고층 건축에서 구조설계만큼은 바뀌지 않아야 한다. 초고층 프로젝트는 수십 년에 걸쳐 진행되기에 수많은 변수를 겪는다. 기획이 바뀌고, 용도가 수정되며, 시공사조차 교체되는 일이 드물지 않다. 하지만 모든 변화의 바탕에는 구조가 있다. 즉 뼈대다. 기반 구조는 초기에 설계되고, 이후 모든 변경은 그 위에서 이루어진다. 구조설계는 한 건축물의 '변하지 않는 뼈대'이자 장기 프로젝트의 안정성을 담보하는 유일한 상수다. 건축이 시간이 지남에 따라 유동적으로 움직이는 프로젝트라면 구조는 그 유동 위에서 균형을 잡는 기술이다.

롯데월드타워 역시 최초 설계를 맡았던 SOM^{Skidmore, Owings & Merrill}에서 KPF^{Kohn Pedersen Fox Associates}로 설계사가 변경되었고, 부산 LCT 역시 진행 과정에서 설계사와 시공사가 모두 바뀌었다. 이처럼 초고층 프로젝트에서 참여 주체가 바뀌는 일은 드물지 않다. 그럼에도 구조설계자만큼은 쉽게 바뀌지 않는다. 그 이유는 명확하다. 구조 없이는 어떤 변경도, 어떤 조정도 유지될 수 없기 때문이다. 건축의 형태나 기능은 수차례 조정될 수 있어도 구조는 모든 변화의 기반이 된다.

파크원도 마찬가지다. 리처드 로저스가 남긴 설계 철학은 구조설계자가 끝까지 이어받아 구현했다. 디자인이 변하고 시공 방식도 조정되었지만 구조설계는 처음부터 끝까지 일관되게 유지되었다. 변화와 도전의 과정 속에서도, 각 주체는 설계자의 비전을 기반으로 완성도를 높이기 위해 협력했고, 그 중심에는 처음부터 자리를 지켜 온 구조설계자가 있었다.

하이테크 건축은 복잡하고 정교하다. 정밀한 구조설계, 높은 시공비, 고도의 기술력은 물론이고 발주자와 설계자, 시공자 간의 충분한 이해와 긴밀한 조율이 필요하다. 앞서 언급했듯이 목동 SBS 사옥은 그 벽을 넘지 못한 경우다. 당초 리처드 로저스가 설계를 맡았지만, IMF 이후 국내 설계진으로 교체되면서 그의 건축 철학이 온전히 구현되지 못했다. 디자인은 유지되었을지 몰라도 그가 강조하던 구조적 논리와 시각 언어는 희미해졌다. 그에 비해 파크원은 예외적인 사례다. 설계 철학이 끝까지 유지되었고, 외형과 구조 모두 원안에 가깝게 완공되었다. 10년이 넘는 공사 기간과 수차례의 사업 주체 변경, 설계와 시공의 조정 속에서도 처음의 방향이 흔들리지 않았다는 점에서 이 프로젝트는 하나의 성취이자 보기 드문 사례로 남는다.

내진, 내풍, 하중 분산 등 모든 요소를 고려한 구조설계는 눈에 보이는 것보다 더 중요한 기술을 담아야 하고 그 기술을 디테일로 표현해야 한다. 보이지 않기에 더 중요해지는 디테일은, 설계자의 의도를 현실로 구현하기 위한 수많은 수학적 검증과 3차원 해석을 통해 반복적으로 점검된다. 그 과정을 통해 구조의 안정성을 확보하고, 건물의 실체를 하나씩 구체화해 나간다. 파크원의 타워는 초기에 모 은행의 사옥이 입주 예정이었고, 이에 맞추어 대강당 등 실내 구성도 기획했다. 하지만 그 계획이 무산되어 내부도 다시 설계되었다. 그후 입주사가 결정되지 않은 상태에서 가장 일반적인 사무실 평면으로 설계가 변경되었다.

초고층 건물의 구조 시스템에는 건물이 바람을 견디는 구조 형식을 정하는 것이 초기 설계 과정에서 가장 중요하다. 그런 구조 시스템을 횡력 저항 시스템이라고 한다. 파크원의 횡력 저항 시스템은 외부 메가 브레이스 프레임External Mega-Braced Frame 시스템으로 건물의 외벽에 가새가 설치되어야 한다. 오피스 타워 외부에 적용된 가새 구조는 원래 X자 형태였다. 구조적으로는 가장 효율적이고 안정적인 방식이었

변경 전 X자 가새

변경 후 역V자 가새

지만, 한국 사회에서 'X'가 갖는 부정적 상징성 때문에 시각적 이미지에 대한 우려가 제기되었다. 결국 X자 대신 역V자로 변경되었다. 구조적 효율을 유지하면서도 문화적 정서를 반영한 결정이었다.

건축에서 문화는 종종 디테일로 드러난다. 홍콩의 뱅크 오브 차이나 타워나 시카고의 존 핸콕 센터처럼 X자 메가 브레이스를 과감하게 드러낸 건축도 있지만, 한국에서는 같은 형태가 다르게 해석될 수 있다. 파크원은 그 현실을 고려해 역V자를 선택했고, 결과적으로 시각적으로도 단정하고 문화적으로도 수용 가능한 디자인을 구현해 냈다.

한편, 그리드가 대각선으로 만나는 구조인 다이아그리드 Diagrid 시스템 역시 설계 초기에 검토되었다. 대표적인 예는 노먼 포스터가 설계한 런던의 스위스 리 빌딩이다. 하지만 파크원의 구조와 도시 맥락에는 보다 정제된 다른 접근이 더 적합하다고 판단되었고, 최종적으로 현재의 외부 철골 가새 구조로 완성되었다.

파크원은 최종적으로 구조를 드러내는 방식인 익스포즈드 스트럭처 Exposed Structure를 선택했다. 에펠탑이나 퐁피두 센터처럼 어떻게 건물이 서 있는지를 시각적으로 보여 주는 방식이다. 하지만 이 방식은 단순히 구조를 밖으로 꺼내는 데서 끝나지 않는다. 외부에 노출된 철골은 그 자체로 미적 완성도를 가져야 하며, 정밀한 가공도 필요하다. 또한 고온에 취약하기 때문에 철저한 내화 처리가 필수적이다. 내화재를 도포하고 보호 커버를 씌우는 과정에서 단면은 커지고, 이에 따라 디자인 수정이 불가피해진다. 결국 공사비가 상승하고 시공 난이도도 높아진다. 해외에서는 비교적 자유로운 방식이지만 국내에서는 내화 관련 법규와 기준이 훨씬 엄격하다. 그런 제약 속에서도 파크원은 익스포즈드 스트럭처를 유지했고, 이는 한국 건축에서 드물게 구현된 진정한 하이테크의 흔적이 되었다.

건축가 유현준은 말했다. "현대 건축이 아름답지 않은 이유는 구조를 모두 감추기 때문이다." 건물이 어떻게 중력을 이기는지 보이지 않게 만든 순간, 감동도 함께 사라졌다는 것이다. 하이테크 건축은 그 반대다. 구조를 숨기지 않고 드러내는 방식으로 건축이 중력에 맞서 어떻게 서 있는지를 시각적으로 보여 준다. 그것은 기능을 전시하는 것이자, 기술을 미학으로 바꾸는 행위다. 파크원은 그런 의미에서 정직한 아름다움의 사례다. 구조는 숨겨지지 않고 오히려 도시를 향해 스스로를 설명한다.

앞서 언급했듯이 여의도에는 파크원보다 먼저 완공된 또 다른 복합개발 프로젝트 IFC(International Finance Center)가 있었다. 호텔, 오피스, 몰이 결합되어 있고, 위치와 규모 면에서도 유사한 성격을 지닌 이 건물은 2006년에 착공해 2012년에 파크원보다 앞서 문을 열었다. 파크원이 법적 분쟁으로 오랜 시간 멈춰 있었던 반면, IFC는 큰 차질 없이 공정이 진행되었다.

임차인 확보 경쟁에서도 상황은 IFC 쪽에 더 유리해 보였다. 공사가 재개될 당시, 파크원은 최대 25퍼센트의 공실률을 감수하며 뒤늦게 시장에 진입해야 했기 때문이다. 하지만 예상은 완전히 빗나갔다.

2016년에 NH투자증권이 금융주관사로 참여하면서 약 2조 1천억 원 규모의 프로젝트 파이낸싱^{PF} 조달에 성공했고, 이는 국내 상업용 부동산 역사상 단일 금융기관이 책임진 최대 규모의 PF 사례가 되었다. 이 구조는 이후 부동산 업계에서 '성공의 교과서'로 부를 정도로 주목받았다. 타워 1은 포스코건설과 책임 임대차 계약을 체결했고, 타워 2는 NH투자증권이 선매입 약정을 맺으며 리스크를 최소화했다. 복합개발의 난이도와 불확실성을 극복한 구조적 해법이자, 민간과 금융이 손잡은 성공 사례였다.

현대백화점까지 유치하면서 파크원은 수익성과 안정성 두 가지를 모두 확보했다. 그 결과, 현재 파크원의 가치는 총사업비의 두 배를 넘는 5조 원 이상으로 평가된다. 과정은 순탄치 않았지만 결과는 더 크게 돌아왔다. 지금 파크원은 여의도 스카이라인의 중심축으로 확고히 자리 잡았다. 그리고 묵묵히 증명하고 있다. 건축은 단지 기술의 문제가 아니라 끝까지 완성하려는 의지의 문제임을. 끝내 서 있는 것, 그것이 진짜 구조라는 사실을.

> "구조란 단단해야 한다.
> 하지만 그보다 먼저, 믿을 수 있어야 한다."
> ― 산티아고 칼라트라바(Santiago Calatrava)

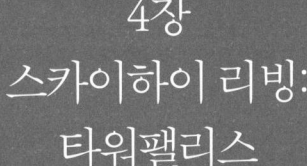

4장
스카이하이 리빙:
타워팰리스

SKYSCRAPERS

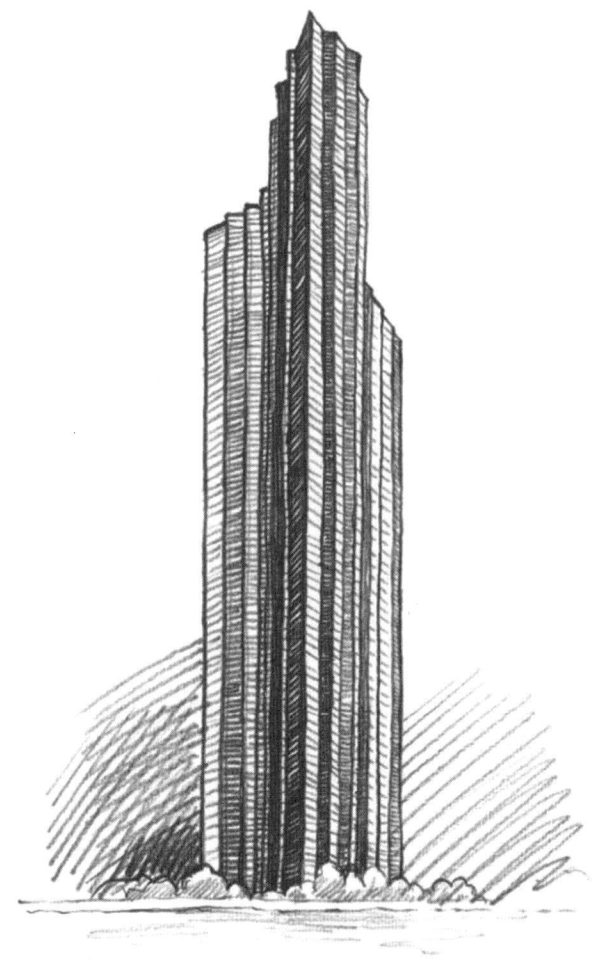

타워팰리스
©HEENAL

초고층 주상복합의 등장

1997년 IMF 위기 이후, 우리 도시의 풍경에는 새로운 변화의 기미가 스며들기 시작했다. 그 무렵부터 '주상복합'이라는 단어가 본격적으로 회자되기 시작했다. 물론 그전에 주상복합 형태의 건물이 없었던 것은 아니다. 1968년에 완공된 세운상가는 한국 최초의 주상복합 건축물로 볼 수 있다. 그러나 당시에는 그저 '상가와 아파트가 붙은 건물' 정도로 인식되었을 뿐, 주상복합이라는 개념이 명확히 자리잡지 못했다. 상업지역 안에서 일정 규모 이상으로 상업과 주거 기능을 동시에 담은 진정한 의미의 주상복합 건축물은 1990년대 후반부터 본격적으로 등장했다. 이 건물은 아파트가 아니어서 주택법이 아닌 건축법의 규제를 받았다. 이런 주상복합의 형태가 왜 그토록 빠르게 확산되었을까?

가장 큰 이유는 용적률에 있었다. 주거지역의 용적률은 일반적으로 200~300퍼센트 수준이었다. 하지만 상업지역은 최대 1,000퍼센트까지 가능했다. 같은 땅 위에 훨씬 많은 연면적을 확보할 수 있다는 뜻이다. 이 규정은 건축가와 시행사에게 명확한 기회를 제공했다. 높게 짓고, 더 많은 세대를 수용하며, 상업시설과의 연계를 통해 사업성도 확보할 수 있었다. 그렇게 주상복합은 도시의 한 형태로 빠르게 자리를 잡았다. 그리고 그 안에서 초고층 주거 건축이라는 또 하나의 실험이 시작되었다.

1999년, 도곡동에 43층 규모의 대림 아크로빌이 완공되었다. 국내 최초의 초고층 주상복합 아파트였다. 그 뒤를 이은 것이 바로 타워팰리스였다. 하지만 그 시작은 예상과 달랐다. 삼성그룹은 본래 도곡동 부지에 100층이 넘는 사옥을 계획하고 있었다. 그러다 IMF 위기가 터지면서 계획이 중단되었고, 그 대신 상업지역의 높은 용적률을 활용해 주거용도로 전환하기로 방향을 틀었다. 이렇게 탄생한 타워팰리스는 55층부터 69층까지 이어진 초고층 주상복합 아파트였다. 비슷한 시기에 현대그룹도 유사한 선택을 했다.

애초에 오피스와 복합용도로 계획되었던 목동 현대 하이페리온은 IMF 여파로 주거 중심의 개발로 변경되었고, 결과적으로 54층에서 69층까지 3개 동 규모의 초고층 주상복합으로 완공되었다. 별동의 저층부에는 현대백화점이 들어서며 복합개발의 형태를 갖추었다. 이들 건물은 모두 삼풍백화점 붕괴 이후 강화된 건축 기준을 반영한 결과물이었다. 그 여파로 무량판 구조는 사실상 고층 주거의 선택지에서 배제되었고, 고층 하중을 견디기 위해 철골 구조가 채택되었다.

그런데 여기서 한 가지 의문이 남는다. 왜 한국의 주상복합은 외국과 달리 폐쇄적인 형태로 발전했을까? 외국의 주상복합은 저층부 상가가 자연스럽게 보도와 연결되어 외부와 열린 관계를 유지한다. 그에 비해 한국의 주상복합은 높은 담장을 두르고 출입구를 통제하며, 마치 외부와 단절된 성곽처럼 폐쇄적인 공간을 형성한다. 결국 주상복합은 주변과의 연계보다 차별화와 독립성을 추구하는 고급 아파트 단지로 변질되었다.

'타워팰리스'라는 이름을 들으면 가장 먼저 떠오르는 이미지는 무엇일까. 많은 사람에게 단순한 건물이 아니라 '부자들의 아파트'라는 상징으로 인식된다. 타워팰리스는 어느 순간 주소를 넘어선 정체성이 되었다. '도곡동'이라고 말하는 대신 '타워팰리스'에 산다고 말하면, 그 사람의 사회적 지위와 경제력이 자연스럽게 연상된다. 이후 아파트의 이름에도 변화가 생겼다. 현대아파트는 '힐스테이트'로, 대우아파트는 '푸르지오'로, 동부아파트는 '센트레빌'로 바뀌었다. 영어식 명칭은 아파트의 브랜드 가치를 끌어올리는 전략이 되었고, 아파트 이름은 점차 길어지기 시작했다. 현재 우리나라에서 가장 긴 아파트 이름은 '광주전남공동혁신도시 빛가람대방엘리움로얄카운티1차'로 총 25자에 이른다. 이름이 길어질수록 고급스러움도 함께 커지는 것일까?

브랜딩 전략은 그렇게 상징을 만들고, 상징은 다시 시장 가치를 만든다. 목동 하이페리온이라는 이름도 마찬가지였다. 타워팰리스의 영향을 받아 브랜드 이미지 강화를 위해 이름 공모전을 거쳐 만들어졌으며, 이는 일반적인 명명 작업이 아니라 부동산 상품성 향상을 위한 전략적 선택이었다. 그렇다면 타워팰리스가 세워진 땅은 어떤 이야기를 품고 있을까?

1990년대 초, 삼성전자는 도곡동 부지에 지상 111층 규모의 전자 디지털 복합단지를 조성할 계획을 세웠다. 본사와 컨벤션센터, 전자도서관은 물론이고 로펌, 은행, 병원까지 포함된 전자 산업의 거점 도시를 만들려고 했던 것이다. 이 복합단지는 단지 건물의 집합이 아니라 도시 전체를 대상으로 한 프로젝트였다. 삼성은 양재천을 중심으로 한 도시 재생 계획을 함께 제안했으며, 당시 방치되어 있던 양재천 일대에 수변 인프라와 녹지 네트워크를 더해 민간 주도의 도시계획 모델을 실험하고자 했다. 그러나 이 거대한 계획은 곧 현실의 벽에 부딪혔다. 민간기업이 도시 전체의 개발을 주도하는 것을 두고 '삼성 특혜' 논란이 제기되었고, 1997년 IMF 외환위기는 결정타가 되었다. 자금 조달이 어려워지고 사업 리스크가 커지면서 삼성은 결국 복합단지 계획을 철회했다. 그 자리에 남은 것은 땅이었고, 그 땅 위에 타워팰리스가 들어선 것이다. 대한민국 초고층 주상복합은 그렇게 시작되었다.

특히 삼성은 타워팰리스 III 설계를 위해 국제 설계공모를 열고, 세계적인 건축가들을 초청했다. 초청 대상은 SOM, KPF, 시저 펠리였고, 최종 낙점은 SOM 소속의 아드리안 스미스에게 돌아갔다. 앞서 언급한 것처럼 그는 이후 부르즈 칼리파, 제다 타워 등을 설계하며 초고층 분야의 대표적인 건축가로 자리매김했다.

초기 계획은 93층에 달했지만, 일조권 규제와 건축 기준에 따라 최종적으로는 69층으로 조정되었다. 이는 단지 층수만 줄인 것이 아니라 구조와 형식 면에서 정교한 전략이 반영되었다. 타워팰리스는 Y자 형태의 평면 구조를 채택해 안정성과 공간 효율을 동시에 확보했다. 중심에는 삼각형 코어를 두어 중력 하중과 횡 하중을 분산시키고, 세 갈래로 뻗은 동체가 전망과 채광을 극대화하는 방식이다. 외관은 자연 아노다이징 처리된 금속 패널과 청록색 유리로 마감되었다. 시간과 날씨에 따라 외벽의 색조는 달라지고, 건물은 도시 스카이라인 위에서 시시각각 다른 표정을 드러내는 구조체가 되었다.

초고층 주거 공간은 더 이상 일반적인 아파트가 아니었다. 대형 공원, 스포츠클럽, 스카이 가든, 비즈니스 센터까지 포함한 복합단지였고, 24시간 컨시어지, 하우스키핑, 예약 대행 서비스 등 호텔 수준의 생활 편의 시스템이 도입되었다. 초고층 주거는 그렇게 삶의 방식을 새롭게 정의하기 시작했다.

타워팰리스가 강남의 부를 상징하게 된 이유는 단순히 높기 때문이 아니었다. 삼성은 비공개 분양 전략을 택했다. 일반적인 청약 절차를 생략하고 초청을 통한 제한적 분양 방식을 도입한 것이다. 이는 철저히 고소득층을 겨냥한 전략이었고, 희소성과 배타성을 통해 고급 이미지를 극대화했다. 전략은 성공적이었다. 타워팰리스는 대한민국 부유층의 대표 거주지로 자리잡았고, 그 영향은 서울의 주택 시장 전반으로 확산되었다.

기존에는 판상형 아파트가 주류였다. 남향 배치로 채광과 통풍이 우수했지만, 설계는 획일적이었고 조망권 확보나 프라이버시 보호에는 한계가 있었다. 타워팰리스는 다른 방식을 제시했다. Y자, X자, ㅁ자 등 다양한 형태의 타워형 평면을 통해 좁은 부지에서 고층 개발이 가능하고, 전망과 고급스러움을 동시에 제공할 수 있었다. 물론 단점도 있었다. 일부 세대는 채광과 통풍이 부족하고, 공용부 면적 증가로 관리비 부담이 컸다. 그러나 타워팰리스는 이 모든 한계를 넘어 서울의 스카이라인과 주거의 기준을 다시 썼다.

> "높은 건물은 물리적 구조이기도 하지만
> 인간의 심리적 구조이기도 하다."
>
> — 게오르그 짐멜(Georg Simmel)

세계에서 가장 높은 꿈을 그린 건축가

타워팰리스를 설계한 아드리안 스미스$^{Adrian\ Smith}$는 1944년에 미국에서 태어났다. 그는 세계적인 건축·도시계획·엔지니어링 회사인 SOM$^{Skidmore,\ Owings\ \&\ Merrill}$에서 수년 동안 대표 건축가로 활동하며, 초고층 건축의 전설로 자리매김했다. 2006년에는 자신의 이름을 내건 설계사무소 AS+GG$^{Adrian\ Smith+Gordon\ Gill\ Architecture}$를 설립하며 또 한 번 새로운 도전에 나섰다.

우리는 어떤 사람을 '초고층 건축의 거장'이라 부를 수 있을까? 그 질문에 가장 먼저 떠오르는 이름이 바로 아드리안 스미스다. 그는 부르즈 칼리파와 상하이 진마오 타워 같은 세계적인 초고층 건축물을 설계하면서, 단순히 높이 경쟁을 넘어서 기술과 미학의 경계를 넓혀 왔다. 그의 작업은 구조물의 성취에 머무르지 않는다. 인간과 환경, 도시의 문화적 맥락을 설계의 중심에 두었다. 한국에도 그의 흔적은 있다. 여의도의 전경련 회관은 스미스가 남긴 또 하나의 설계 작품이며, 고층 건축이 도시의 얼굴이자 철학이 될 수 있다는 점을 보여 준다.

그는 자주 말했다. "건축은 특정 장소의 역사와 문화를 존중하면서도, 현대 기술과 디자인을 통해 새로운 의미를 창출해야 한다." 아드리안 스미스는 이 개념을 '장소의 어휘'라고 표현했다. 그에게 좋은 건축이란 과거를 모방하는 것이 아니라 그 위에 새롭게 구축한 정체성이었다. 이 철학은 그가 설계한 세계 곳곳의 초고층 건물에 고스란히 스며있다.

어떻게 해야 초고층 건물이 바람에 흔들리지 않을 수 있을까? 스미스는 그 해답을 자연에서 찾았다. 그는 스파이더 릴리spider lily라는 꽃에서 영감을 받아 세 갈래로 뻗은 Y자 형태의 구조를 고안했다.

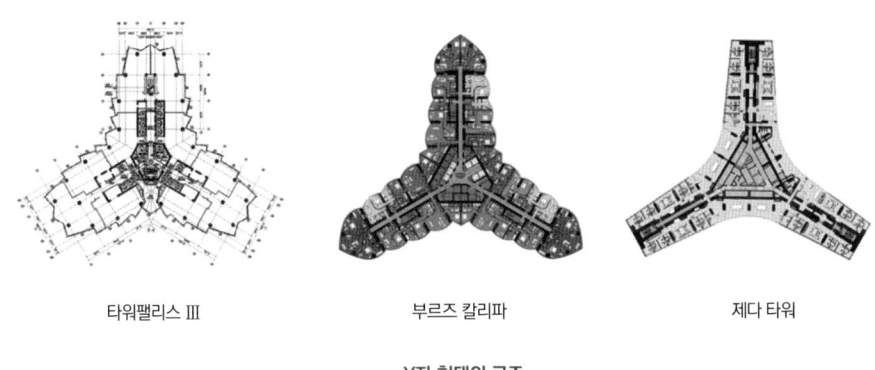

타워팰리스 Ⅲ   부르즈 칼리파   제다 타워

Y자 형태의 구조

이 설계는 타워팰리스를 시작으로 부르즈 칼리파, 제다 타워에 이르기까지 그의 대표작의 공통된 기반이 되었다. 높이가 올라갈수록 꽃잎처럼 퍼진 구조는 바람을 자연스럽게 흘려보내며 와류를 줄이고 안정성을 높인다. 그 결과, 이 Y자 설계는 미학과 구조적 효율을 동시에 갖춘 스미스 건축의 시그니처가 되었다.

아드리안 스미스는 높이만을 자랑하는 건축가가 아니었다. 기술과 자연, 문화와 환경 사이에서 섬세한 균형을 만들어 냈다. 두바이의 부르즈 칼리파는 중동의 전통 건축 양식을 현대적으로 재해석한 결과물이다. 그러나 이 건물의 가치는 외형에만 머물지 않는다. 그는 이 초고층 건물 안에 지속 가능성을 위한 인프라를 함께 설계했다. 매일 태양광 패널을 통해 14만 리터가 넘는 물을 데우고, 에어컨의 응축수는 연간 15갤런 이상 회수해 조경과 관개에 재활용한다. 세계에서 가장 높은 건물 속에 자연과 순환이라는 원리를 함께 담았다.

그의 지속 가능성에 대한 철학은, 그가 설립한 AS+GG에도 고스란히 이어졌다. AS+GG는 고성능, 에너지 효율, 지속 가능성을 중심에 두고 설계하는 건축사무소이며, 스미스는 이 회사를 통해 다시 한번 '세계 최고'에 도전하고 있다. 사우디아라비아 제다 타워 킹덤 타워의 설계 역시 그의 손에서 나왔다. 이 건물은 부르즈 칼리파를 넘어설 세계 최고층 건물로 기획되었고, 아드리안 스미스는 자신이 세운 기록을 스스로 다시 넘어서려고 한다. 하지만 그는 건축이 도시의 맥락과 조화를 이루어야 한다고 믿었다. 이런 철학을 그는 '문맥주의 Contextualism'라고 불렀다.

아드리안 스미스는 초고층 건축을 단지 기술의 산물로 보지 않았다. 그것이 도시와 시대의 맥락을 담아 내는 하나의 이야기여야 한다고 믿었다. 초고층 건물은 그 안에 풍하중을 줄이기 위한 커튼월 설계,

에너지 절약을 고려한 공간 구성, 지속 가능성을 위한 기술적 전략이 함께 녹아 있어야 한다. 스미스는 그 모든 조건을 아우르는 건축을 실현해 왔다. 기술, 문화, 환경, 도시의 정체성을 하나의 설계 안에 통합해 낸 것이다.

그렇다면 그는 어떻게 각 도시의 얼굴을 읽어 냈을까? 상하이의 진마오 타워에서는 중국 전통의 파고다 형식을 현대적으로 재해석했고, 시카고의 트럼프 타워에서는 실용성과 상업성이 중심이 되는 도시의 정체성을 반영했다. 반면 두바이의 부르즈 칼리파에서는 상대적으로 문맥적 제약이 적었기 때문에 창의적 자유를 최대한 펼칠 수 있었다.

건축은 그에게 무엇이었을까? 아드리안 스미스는 설계도를 일반적인 기술 도면이 아니라 미래로 향하는 하나의 다리처럼 여겼다. 타워팰리스, 진마오 타워, 부르즈 칼리파, 제다 타워. 그가 남긴 건축물은 단순한 고층 구조물이 아니다. 인간이 품은 가장 높은 이상을 도시 한가운데에 세운 기념비였다. 그리고 그 꿈을 가장 높이 가장 섬세하게 그려 낸 사람이 바로 아드리안 스미스였다. 그는 기술의 한계를 넘어 도시의 얼굴을 만들고, 시대의 상징을 세운 건축가였다.

"나는 건축물이 그 시대와 장소를 반영하되
동시에 시대를 초월하기를 바란다."

― 아드리안 스미스

트럼프가 만든 '고급 주거'의 공식

뉴욕은 오랫동안 초고층 주거 건축의 중심에 서 있었다. 그리고 앞으로도 그 자리를 쉽게 내주지 않을 것이다. 이 도시에 하늘을 향해 건물을 올린다는 것은 단지 높은 구조물을 세우는 일이 아니다. '하늘을 삶의 공간으로 삼겠다.'라는 명확한 선언이다. 도대체 왜 인간은 하늘 위에 살고 싶어 하는 것일까? 그 욕망은 물리적 공간을 넘어서 인간이 품고 있는 이상과 정체성의 방향을 드러낸다.

초고층 주거 타워는 더 이상 기능만으로 설명되지 않는다. 그것은 하나의 '삶의 방식'이며, 도시 속에서 자아를 표현하는 구조물이다. 트럼프 월드 타워는 이 개념을 상징적으로 구현한 사례다. 전면 유리로 둘러싸인 투명한 매스는 마치 구름 위에 떠 있는 듯한 인상을 주며, 지상과는 완전히 다른 차원의 주거 경험을 제안한다.

오늘날 초고층 주거는 전 세계 주요 도시로 확산되고 있다. 하지만 같은 높이라고 해서 동일한 방식으로 짓는 것은 아니다. 도시마다 경제적 여건, 사회적 기대, 문화적 관습이 다르기 때문이다. 그에 따라 설계 방식도 달라지고 구조 시스템도 달라진다.

그렇다면 질문을 다시 던져야 한다. 초고층 주거 건축에서 진짜 중요한 것은 무엇인가? 높이 그 자체인가? 아니면 그 위에 담기는 삶의 방식인가? 높이 그 자체가 중요한 것은 아니다. 공간이 얼마나 효율적이고, 얼마나 매력적으로 설계되었는지가 핵심이다. 결국 성공적인 초고층 주거는 거주자가 원하는 삶의 질을 얼마나 충족시킬 수 있는가에 달려 있다. 그리고 뉴욕은 세계 어느 도시보다도 이 본질을 일찍이 이해했다.

트럼프 월드 타워는 단지 높은 밀도의 주거 공간을 제공하는 데 그치지 않는다. 현대적 디자인과 고급스러움을 결합해, 하나의 라이프 스타일을 상징하는 공간으로 자리 잡았다. 초고층 주거의 설계는 이제 일반적인 구조적 완성도를 넘어서야 한다. 건물이 어떤 이미지와 가치를 제안하는가에 따라 존재의 무게가 달라진다. 뉴욕에서는 입지 조건만으로는 부족하다. 브랜드, 공간 활용 방식, 제공되는 편의시설, 이 세 가지 요소가 합쳐져야만 초고층 주거의 부동산 가치가 정당화된다.

어떤 이름이 공간의 가치를 결정할 수 있을까? '트럼프'라는 이름은 단순한 성姓이 아니라 하나의 부동산 브랜드가 되었다. 도널드 트럼프는 자신의 이름을 곧 고급 주거 공간의 상징으로 만들었다. 이 전략은 뉴욕을 넘어 세계 각지로 확산되었고, 마침내 한국에도 '트럼프 월드'라는 이름을 단 주상복합 아파트가 등장했다. 그 인연의 시작은 1997년으로 거슬러 올라간다.

그해 대우건설은 뉴욕 맨해튼의 트럼프 월드 타워 프로젝트에 CM 기획·설계·공정·구매 관리 역할로 참여했고, 이를 계기로 트럼프 그룹과 처음 연결되었다. 2년 뒤, 대우건설은 국내 고급 주상복합 시장에 진출하며 '트럼프'라는 이름을 차용할 아이디어를 구체화했다. 뉴욕 지사를 통해 직접 협상에 나섰고, 결국 브랜드 사용 계약 체결에 성공하면서 서울 여의도, 부산, 대구 등에 '트럼프 월드'라는 이름을 가진 초고층 주거 건물이 들어섰다. 하지만 트럼프는 자신의 이름을 결코 가볍게 다루지 않았다. 계약 당시 그는 분명히 요구했다. 만약 아파트 품질에 문제가 발생할 경우, 언제든 자신의 이름을 철거할 수 있다는 조항을 계약서에 명시하라는 것이었다. 그에게 이름은 단순한 표식이 아니었다. 그것은 곧 자신의 브랜드이자 명성과 가치의 총합이었다.

시카고 트럼프 타워를 설계한 아드리안 스미스는 한국의 타워팰리스 Ⅲ 설계에도 직간접적인 영향을 미쳤을 것이다. 앞서 언급한 것처럼 그는 건물의 높이만을 추구한 것이 아니라 공간의 질, 생활의 효율성, 거주자의 경험까지 건축 설계에 반영했던 인물이었다. 오늘날 초고층 주거 시장에서 진짜 중요한 것은 무엇일까? 면적이 넓다고 끝나는 시대는 지났다. 넓고 효율적인 공간에서 새로운 삶의 방식을 제안하는 건축이 진짜 가치를 만든다.

이제 고급 주거 공간이라면 호텔 수준의 서비스는 기본이 되었다. 시카고의 트럼프 인터내셔널 호텔 앤 타워는 이런 변화의 흐름을 이끈 대표적인 사례다. 그곳에는 컨시어지 서비스부터 고급 식사 준비, 청소 서비스까지 모든 것이 자연스럽게 제공된다. 주거 공간은 더 이상 일반적인 '집'이 아니라 하나의 '라이프스타일'이 되었다. 트럼프 월드 타워는 이런 변화를 가장 먼저 보여 준 건물 중 하나였다.

"삶의 질은 우리가 머무는 공간의 질에서 비롯된다."
– 아리스토텔레스

5장
바람을 이기는 기술:
송도 포스코 타워

SKYSCRAPERS

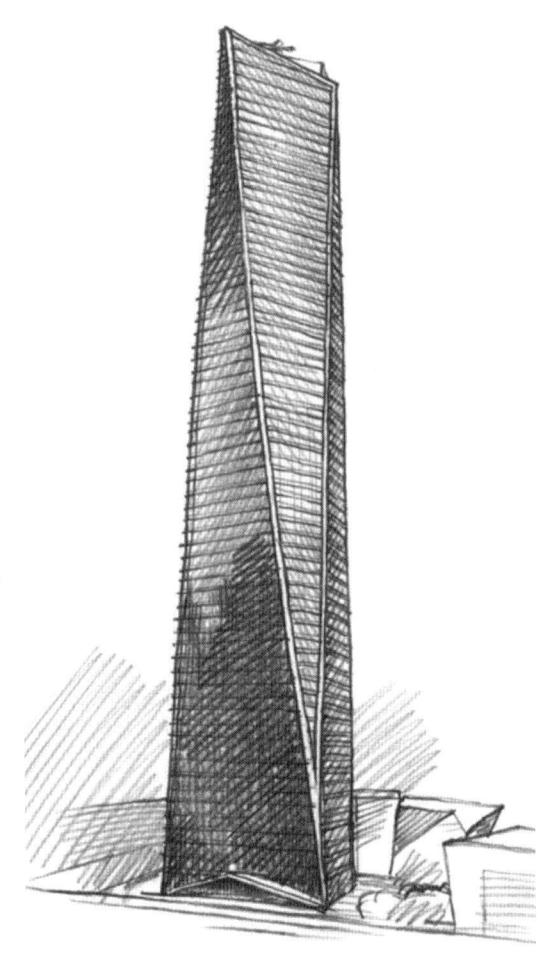

송도 포스코 타워
©HEENAL

건물을 짓는다는 것은 단순히 땅 위에 구조물을 올리는 일이 아니다. 그 자리에 어떤 흐름이 지나가는지를 먼저 읽어 내야 한다. 바람은 어디에서 불어오고, 햇빛은 어디로 스며들며, 빗물은 어떤 경로로 빠져나가는가? 또는 지하수는 어느 위치에 있는가? 건축은 자연의 움직임을 받아들이는 일에서 출발한다. 자연을 외면한 건물은 나중에 문제를 일으키며 결국 그 자리에 맞지 않는 존재가 된다.

그렇다면 이 가운데 초고층 건물에 가장 예민한 변수는 무엇일까? 바로 바람이다. 보이지 않지만 끊임없이 스치는 공기의 흐름은 초고층 건축에서 가장 먼저 고려해야 할 요소다.

우리는 바람을 어떻게 다루어야 할까? 막아야 할까, 피해야 할까, 아니면 흘려보내야 할까? 바람을 외면하면 건물은 끊임없는 저항에 시달린다. 하지만 바람의 성질을 이해하고 흐름을 설계에 반영한다면 오히려 건물에 생명력을 불어넣을 수 있다. 그렇다면 바람에도 흔들리지 않는 건물은 어떻게 만들 수 있을까?

먼저 기초부터 단단히 세우는 것이다. 튼튼한 뼈대와 두꺼운 벽, 여기에 콘크리트 전단벽을 더해 구조의 흔들림과 변형을 줄인다. 그러나 단단하다고 해서 곧 안전을 의미하지는 않는다. 강철로 만든 구조물조차 강한 바람 앞에서는 흔들릴 수밖에 없다. 중요한 것은 바람에 맞서기보다는 그 특성을 파악하고 대응하는 일이다.

초고층 건물은 높아질수록 바람의 영향을 더 크게 받는다. 지상과는 전혀 다른 환경에서 바람은 더 빠르게 흐르고, 방향은 예측하기 어려워진다. 이럴 때 건축가는 어떤 선택을 해야 할까? 건물의 형태를 곡선화해 바람이 흘러가도록 유도할 것인가? 모서리를 깎아 공기 저항을 줄일 것인가? 혹은 내부에 흔들림을 흡수하고 제어하는 장치를 설치할 것인가? 바람을 다루는 방식은 다양하지만 핵심은 같다. 저항이 아니라 조율, 막음이 아니라 흐름이다.

초고층 건축에서 바람은 피할 수 없는 존재다. 그래서 건축은 바람을 적으로 삼지 않는다. 오히려 바람과의 공존을 설계하고, 흐름을 유도하는 구조를 통해 자연을 받아들이는 방식으로 건축을 만들어 내야 한다.

바람이 바꾼 디자인

건물의 안전을 위협하는 적은 눈에 보이지 않는다. 그 적은 중력, 지진, 바람이다. 특히 초고층 건물의 적은 대부분의 시간 동안 그 자리를 지키며 건물을 흔드는 존재, 바로 '바람'이다.

높이 올라갈수록 바람은 달라진다. 속도는 빨라지고, 방향은 불규칙해지며, 그 영향은 건물 전체에 퍼진다. 결국 바람을 고려하지 않은 초고층 건물은 존재할 수 없다. 그래서 설계자는 묻는다. '이런 형태의 건물은 바람 앞에서 어떻게 버틸 수 있을까?' 이 질문에 대한 답은 건축가와 구조설계자의 협업 속에서 도출된다. 바람을 다루기 위한 첫 번째 전략은 건물의 '모서리'에서 시작된다.

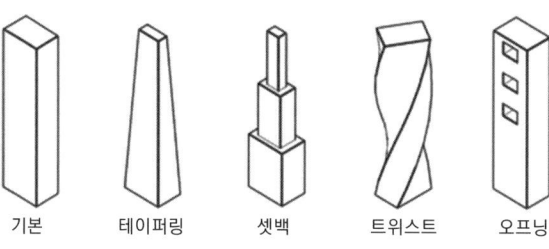

바람을 이기는 형태

1. 코너의 변화: 바람을 모서리에서 흘려보내는 기술

　미국의 마천루를 떠올려보자. 대부분은 직선적이고 박스형이다. 사각형 단면은 설계와 시공에 효율적이며 내부 공간을 분할하기도 용이하다. 하지만 바람에는 그다지 유리하지 않다. 모서리에 부딪힌 바람은 건물 뒤쪽에 소용돌이를 만든다. 이 와류는 단순한 흔들림을 넘어 반복적인 진동을 유발하며 결국 구조물 전체에 부담을 준다.

　그렇다면 모서리를 어떻게 바꾸어야 할까? 답은 의외로 간단하다. 모서리를 깎아 내는 것이다. 모서리를 깎아 내면 바람은 벽면을 따라 부드럽게 흘러가고, 모서리에서 분리되는 공기 덩어리도 작아진다. 결과적으로 와류의 크기가 줄어들면서 건물을 흔드는 진동이 완화된다. 실제 연구에서도 이런 방식으로 진동이 평균 10~20퍼센트 감소한다는 결과가 보고된 바 있다. 바람을 막는 대신 흘려보내는 디자인이 높은 곳을 더 안전하게 지탱하는 것이다.

　부산의 더샵 센텀스타는 이 설계를 국내에서 실제로 구현한 대표적인 사례다. 60층이 넘는 초고층 아파트지만 모서리를 깎아 내어

설계하여 바람에 의한 흔들림을 효과적으로 제어한다. 단순한 외형의 변화가 구조적 안정성에 얼마나 큰 영향을 줄 수 있는지를 보여 주는 사례다.

비슷한 방식은 아시아의 주요 초고층 건물에서도 찾아볼 수 있다. 중국 상하이의 진마오 타워는 중국 전통 건축에서 흔히 보이는 탑塔의 형상을 현대적으로 해석하면서, 건물의 각 모서리를 정교하게 깎아 바람의 흐름을 분산시켰다. 이 설계는 고층 구조물에 요구되는 기술적 해석과 전통의 형태미를 함께 담아냈다. 대만의 타이베이 101 또한 모서리를 깎아 내는 형태를 도입하면서도 또 다른 해석을 보여 준다. 이 건물은 대나무 마디처럼 8개 단위의 구조를 쌓아올렸고, 각 단에는 동양의 전통 조각 요소를 결합했다. 건물 외형에 반복되는 이 마디 구조는 일반적인 장식이 아니라, 상층으로 갈수록 강해지는 풍하중을 단계적으로 흘려보내기 위한 구조적 장치였다. 바람을 다루기 위한 건축의 노력은 어느 순간에 기술을 흡수한 예술로 이어진다. 그리고 초고층 건물은 그렇게 자연과 조화를 이루는 형태로 진화해 왔다.

2. 테이퍼링 효과: 위로 갈수록 뾰족해지는 구조

두 번째 전략은 '점진적 축소', 테이퍼링^{tapering}이다. 산이 정상으로 갈수록 점점 가늘어지듯, 초고층 건물도 상층으로 올라가며 단면을 좁히는 방식이다. 이 구조는 바람과 마주치는 면적을 줄여서 풍하중과 그에 따른 진동을 효과적으로 완화한다.

서울 도곡동의 타워팰리스는 이 설계를 정교하게 구현한 대표적인 사례다. 건물의 평면은 세 잎 클로버 형태로 시작되며, 위로 올라갈수록 잎이 하나씩 사라지고 마지막에는 단 하나의 잎만 남는다. 이 점진적인 형태 변화 덕분에 건물 전체의 진동이 20~50퍼센트 가까이 감소되는 효과가 있었다. 최초의 93층 설계에서는 이런 효과가 극명하게 계획되었다. 롯데월드타워 역시 상층으로 갈수록 매끄럽게 좁아지는 실루엣을 통해 바람과의 마찰을 최소화하고 구조적 안정성을 확보했다.

외형은 유려하지만 그 안에는 정교한 계산이 숨어 있다. 테이퍼링은 단지 미적 선택이 아니다. 이는 자연의 원리를 건축적으로 번역한, 바람에 대한 과학적 응답이다. 건물은 그렇게 바람을 맞서지 않고 흘려보낸다.

3. 셋백: 계단처럼 후퇴하는 구조

세 번째 전략인 셋백Setback은 건물의 외벽을 상층으로 갈수록 뒤로 물리는 방식으로, 외형이 마치 계단처럼 점차 좁아지는 구조를 말한다. 초고층 건물일수록 상층부는 바람의 영향을 더 크게 받기 때문에, 셋백은 바람 하중을 줄이고 진동을 완화하는 데 매우 효과적이다. 이 구조는 기능과 미관을 동시에 만족시킨다. 건물 하부에서는 시각적 개방감을 주어 도시 공간에 여유를 만들고, 위로 갈수록 점진적으로 후퇴한 형상은 시야를 가리지 않으며 하중의 단계적 분산에도 유리하다.

셋백은 단순한 형태 변화가 아니다. 건축 구조와 도시 환경 모두에 응답하는 전략적 설계다. 말레이시아의 페트로나스 트윈 타워는 이 셋백 구조의 대표적인 사례다. 건물은 올라갈수록 점진적으로 후퇴하며, 고층에서도 구조적 안정성과 시각적 리듬감을 모두 갖추었다. 셋백은 그렇게 초고층 건물에서 형태와 기능이 만나는 지점을 만들어 낸다.

4. 트위스트: 꽈배기처럼 비틀린 건물

때로는 건물 전체를 비틀어야 한다. 이것이 네 번째 전략으로, 외벽의 면을 일정하게 틀어 주면 바람이 한 방향으로만 몰리지 않고 각 층이 서로 다른 방향으로 바람에 맞서면서 진동이 골고루 분산된다. 송도 포스코 타워는 이런 설계 전략을 적용한 국내 대표 사례다.

이 건물은 1층에서 사다리꼴 형태로 시작해 상층부로 갈수록 삼각형으로 마무리되는 65층 건물이며 1층과 꼭대기의 단면이 완전히 다르다. 한 건물 안에 여러 개의 형태가 중첩되어 있는 셈이다. 이 디자인은 단순한 형태적 비정형이 아니라 응당 송도라는 입지를 이해한 결과였다.

송도는 바다를 매립해 만든 도시로 해풍이 강하고 방향도 일정하지 않다. 계절풍과 해안풍, 개방형 도시 설계가 겹쳐 바람이 강하고 일정하지 않기 때문에 구조설계는 더 예민해질 수밖에 없다. 건물의 외형적 형태 디자인에 풍하중 저감 형태를 적극적으로 도입했다. 비틀림과 테이퍼링의 조합 형태는 풍동 실험을 통한 풍하중 값이 기준에서 규정한 값보다 40퍼센트나 절감되었다. 너무 많이 저감된 것이 아닌가? 한번 더 확인하기 위해 미국의 풍동 실험 전문사인 CPP에서 재실험을 수행했으나 결과값은 거의 유사하게 나왔다. 상하이 타워는 더 극단적인 예다. 121층의 이 건물은 원통 9개를 360도 가까이 비틀어 풍하중을 40퍼센트나 감소시켰다. 결과적으로 건물 형태가 풍하중을 저감하는 형상을 가졌다. 이런 설계 전략을 공기동력학적 전략 Aerodynamic Strategy이라고 한다.

5. 오프닝 구조: 바람의 통로를 만드는 발상

다섯 번째 전략은 가장 과감한 방법으로 건물에 통로를 만드는 오프닝 구조다. 외부 바람이 건물을 우회하지 않고 그대로 관통할 수 있도록 개구부를 설계하는 방식이다. 상하이 세계금융센터는 이 접근을 적용한 대표적인 사례다. 101층의 이 건물 상단에는 축구장 절반 크기의 거대한 사각형 구멍이 뚫려 있다. 바람이 건물에 부딪혀 소용돌이를 일으키는 대신에 개구부를 통해 통과하면서 진동이 약 10퍼센트 줄어든다. 애초에는 원형 구멍으로 설계되었지만 일본 국기일장기를 연상시킨다는 이유로 중국 내 반발이 있었고, 최종적으로 사다리꼴 형태로 변경되었다. 이후 이 독특한 상부 디자인은 '세계 최대의 병따개'라는 별명을 얻으며 도시의 상징이 되었고, 실제 기념품으로 제작될 만큼 인지도가 높아졌다.

이처럼 바람을 제어하는 초고층 건축의 전략은 단일 기술에 의존하지 않는다. 여러 설계 원칙이 복합적으로 결합되어야만 효과를 얻을

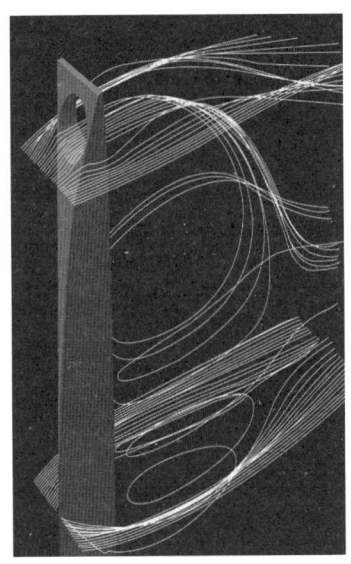

상하이 세계금융센터

수 있다. 타이베이 101은 테이퍼링, 셋백, 댐퍼 기술을 함께 적용했고, 상하이 타워는 나선형 비틀림에 테이퍼링과 댐퍼 시스템을 더했다. 부르즈 칼리파는 그 모든 전략을 하나로 통합한 설계다. 바람은 초고층 건축의 적이 아니라 오히려 설계 방향을 알려 주는 스승에 가까운 존재다. 바람을 어떻게 다루는가에 따라 초고층 건물의 성능과 형상이 달라진다.

> "바람과 싸울 수는 없지만
> 바람과 함께 설계할 수는 있다."
> — 아드리안 스미스

용도가 바꾼 디자인

건축은 기능을 품고 자란다. 건물이 어떤 용도로 사용될 것인지를 먼저 묻지 않으면 형태는 방향을 잃는다. 초고층 건물도 마찬가지다. 그저 높이만을 기준으로 설계되지 않는다. 그 안에 들어설 사람들, 그들이 수행할 활동, 그들이 바라보게 될 창문까지 모든 요소가 구조와 형태를 결정짓는다. 그렇다면 건물의 용도는 구조에 어떤 영향을 줄까?

서울 잠실의 롯데월드타워는 단순히 높기만 한 건물이 아니다. 하층부, 중층부, 상층부의 용도가 각각 다르다. 각 용도는 서로 다른 하중, 진동, 동선, 전망 조건을 필요로 하며, 이런 차이는 구조설계와 외형에 그대로 반영되었다. 결국 롯데월드타워는 하나의 구조물이지만 기능에 따라 다르게 설계된 건물이 층층이 겹쳐 있는 복합체에 가깝다. 그 차이는 바람을 피하는 설계 방식에도 그대로 반영되었다.

하층부에는 상업과 사무 공간이 들어서는데, 사무실은 창으로부터 약 15~18미터 깊이까지 넓은 공간 면적을 요구한다. 일조보다 공간의 효율이 중요한 기능이기 때문에 가장 넓은 하층부에 배치되었다. 중층부에는 주거 공간이 위치한다. 주거는 햇빛이 실내 깊숙이 들어와야 해서 창에서 약 10미터 이내의 깊이를 넘기지 않는 것이 이상적이다. 따라서 적당한 면적과 일조 조건을 모두 충족할 수 있는 중간 층에 주거 기능이 배치되었다.

상층부는 호텔로 구성된다. 호텔은 방 하나하나의 쾌적함이 핵심이지 넓은 바닥 면적이 필수는 아니다. 창에서 7미터 이내면 충분하기 때문에 가장 좁은 상층부에 위치시킬 수 있었다. 이처럼 한 건물 안에서도 용도에 따라 층별로 형태가 달라진다. 그 변화는 외관의 미학을 넘어서 구조적 합리성에서 비롯된다. 바로 이것이 초고층 복합건물 설계의 핵심 원리다.

만약 한 가지 용도만으로 구성된 초고층이라면 어떨까? 사무 공간만으로 이루어진 건물이라면 굳이 위로 갈수록 좁아질 필요는 없다. 여의도의 파크원이 대표적인 예다. 이 건물은 전 층이 오피스 기능으로 채워져 있으며, 같은 면적을 수직으로 반복해 올리는 형식을 택했다. 높이보다 중요한 것은 모든 층에서 동일한 효율을 확보하는 것이었다. 그래서 파크원은 수직으로 똑같은 단면을 유지하며 상승한다.

지금까지 초고층 건물은 대부분 점점 좁아지는 형태인 테이퍼링을 채택해 왔다. 이 방식은 바람에 대한 저항을 줄이는 데 효과적이지만 한 가지 중요한 기능을 희생할 수도 있다. 바로 최상층의 활용 문제다. 가장 높은 층은 건물에서 가장 비싸야 할 공간이지만 위로 갈수록 좁아지는 구조에서는 오히려 그 가치가 떨어진다.

부르즈 칼리파가 대표적인 사례. 세계 최고층 건물인 이 타워는 152층부터 154층까지만 전망대로 사용되며, 155층부터 163층까지는 기계실, 통신, 방송 설비 등 비거주 기능으로 채워져 있다. 이유는 단순하다. 구조가 지나치게 좁아져 유효한 공간으로 활용할 수 없기 때문이다. 이쯤 되면 질문을 바꾸어야 한다. 바람을 피하면서도 최상층까지 넓은 공간을 유지할 수는 없을까? 해답은 '좁히는 것'이 아니라 '비우는 것'에 있다. 건물 자체를 점점 가늘게 만드는 대신 일정한 단면을 유지하면서 바람이 빠져나갈 수 있도록 중간중간에 통풍 공간, 풍도windbreaks를 두는 방식이다.

뉴욕의 432 파크 애비뉴는 이 전략을 적용한 대표적인 초고층 주거 타워다. 초고층 건물의 기준에서 밑변 대 높이비를 세장비Slenderness Ratio라고 하는데, 일반적인 초고층의 세장비는 1:7~8 정도다. 그런데 432 파크 애비뉴의 세장비는 무려 1:15 정도로 그야말로 굴뚝과 같은 형태다. 이 건물의 바람을 이기는 기술은 흥미롭다.

총 85층 규모의 이 건물은 상층부에 12층 간격으로 2층 높이의 풍도 층을 5개 배치했다. 이 풍도는 단순한 빈 공간이 아니다. 건물의 상하 6개 층이 공용으로 사용하는 모듈형 기계실로 활용되며, 기계 설비와 공조 덕트를 통합하는 구조적 효율성을 동시에 확보했다. 바람을 흐르게 하되 그 흐름마저 설계의 일부로 만드는 방식이다. 이 건물은 바닥 간 높이도 일반적인 초고층 건물과는 다르다. 각 층의 바닥 높이는 약 4.72미터로 설계되었고, 그중 약 25센티미터는 슬라브 두께다. 상층부로 올라갈수록 슬라브는 점점 두꺼워져서 최대 46센티미터까지 증가한다. 이는 단지 구조적 요구가 아니라 바람에 의한 진동을 줄이기 위한 의도적인 설계였다. 질량을 증가시켜 바람에 대한 관성을 높이는 전략이다.

구조설계 과정에서도 엔지니어는 정적인 계산에 그치지 않고 동적 해석까지 포함해 철저한 검토를 진행했다. 응력, 처짐, 수평 이동 등 다양한 조건을 시뮬레이션했고, 풍하중의 정밀한 예측을 위해 미드타운 맨해튼의 실제 도시 모델을 제작해 풍동 실험을 실시했다. 이 실험을 주도한 엔지니어는 캐나다 RWDI사의 데릭 켈리^{Derek Kelly}였다. 그는

432 파크 애비뉴
(출처: RWDI.com)

풍동 실험을 통해 바람의 움직임을 직접 확인하고, 횡력 저항 시스템을 조정하는 방식으로 건물 전체의 안정성을 최적화했다. 432 파크 애비뉴는 이런 정밀한 구조 분석과 철저한 설계 과정을 통해 완성된, 기술적으로도 예외적인 초고층 주거 타워다. 단순히 높기만 한 건물이 아니라 구조와 바람의 관계를 깊이 이해하고 구현해 낸 주거 건축의 진화형이었다.

건물의 용도는 형태를 어떻게 바꾸는가? 우리는 바람을 피하는 대신에 어떻게 설계에 활용할 수 있을까? 건물의 용도는 설계의 출발점이며, 동시에 최종 형태를 결정짓는 핵심 기준이다. 무엇을 위한 공간인가에 따라 구조는 달라지고, 그 구조는 다시 바람과의 관계를 재조정한다. 용도는 디자인을 바꾸고, 디자인은 바람과 대화하게 만든다.

"형태는 기능을 따른다"
— 루이스 설리번(Louis Sullivan)

기술로 지탱하는 초고층

앞서 언급했듯이 건축에서 가장 민감한 변수는 '바람'이다. 바람이 만들어 내는 흔들림은 눈보다 빠르고, 손보다 깊으며, 목소리보다 넓게 퍼져 나간다. 건물은 흔들린다. 그 흔들림은 단순한 진동이 아니라 구조 전체를 시험하고, 그 안에 사는 사람들의 감각까지 자극한다. 바람은 눈에 보이지 않지만 고요한 건물의 균형을 어지럽히고, 마음속 불안을 현실로 끌어올린다.

그렇다면 이 진동을 어떻게 다스릴 수 있을까? 그 해답 중 하나가 바로 제진댐퍼^{Tuned Mass Damper, TMD}다. 제진댐퍼는 건물의 상층부에 설치되는 거대한 추로, 건물이 좌우로 흔들릴 때 이 추를 반대 방향으로 움직여 진동을 상쇄하는 장치다. 일종의 기술로 만든 '진자'인 셈이다.

예를 들어보자. 250미터 높이의 50층 건물이 있다면, 건물 자체의 무게는 약 3만 톤에 달한다. 이때 필요한 제진장치는 약 100톤 규모다. 가로 4미터, 세로 4미터, 높이 3미터에 달하는 강철 블록이 건물 가장 위층에서 진동을 흡수하며 움직인다. 놀라운 것은 이 무거운 장치가 건물보다 훨씬 크게 흔들린다는 사실이다.

건물이 5센티미터 흔들릴 때, 제진댐퍼는 50센티미터, 많게는 5미터까지 움직이기도 한다. 그래서 이때 더 중요한 기술이 등장한다. 바로 보조댐퍼다. 보조댐퍼는 자동차의 서스펜션처럼 진동의 크기를 줄이는 역할을 한다. 내부에는 물보다 점성이 높은 오일이 채워져 있어서 진자의 움직임을 천천히 흡수한다. 이 장치가 없다면 제진댐퍼는 지나치게 크게 움직여서 공간을 침범하거나 구조적인 다른 문제를 일으킬 수 있다. 결국 제진댐퍼와 보조댐퍼는 하나의 유기적인 흐름 속에서 함께 작동하며 초고층 건물의 균형을 지켜 낸다.

1장에서 설명한 것처럼 그 대표적인 사례가 바로 타이베이 101이다. 대만은 지진이 잦은 지역이다. 그럼에도 101층의 초고층 건물을 세울 수 있었던 이유는, 바로 이 건물에 설치된 거대한 제진댐퍼 덕분이다. 무게 660톤, 지름 5.5미터에 달하는 거대한 강철 구체로, 88층에 설치되어 92층에서 와이어로 고정되어 있다. 이 제진장치는 단순한 기술 장비가 아니다. 더욱 흥미로운 사실은 이 거대한 구체가 건물 안에 숨겨져 있지 않고 공개된 구조물로 설계되었다는 점이다.

건축 초기 설계부터 이 제진댐퍼는 사람들의 눈에 보이도록 설계되었다. 그것은 기술적 장치이자 동시에 시민을 위한 교육 장치였고, 구조적 신뢰를 보여 주는 건축기술의 상징이 되었다. 이 구체는 보조 유압댐퍼 총 8개로 연결되어 진동을 제어하며, 공진 현상을 효과적으로 막는다. 또한 바람과 같은 고주파 진동을 줄이기 위해 별도로 소형 댐퍼 두 개가 추가로 설치되어 있다.

그렇다면 제진댐퍼는 반드시 강철로 만들어야 할까? 꼭 그렇지는 않다. 생활용수나 소방용수를 저장하는 대형 물탱크도 제진장치로 활용할 수 있다. 이 경우, 강철 추보다 비용을 절감하는 장점이 있지만 부피가 크고 공간 효율이 떨어진다는 단점도 함께 따른다. 중요한 점은, 제진댐퍼가 건물에 전달되는 진동 에너지의 50퍼센트 이상을 줄일 수 있는 효과적인 기술이라는 사실이다. 그래서 이제 초고층 건물에서는 거의 필수 요소로 여겨진다.

하지만 한 가지 고민이 있다. 제진댐퍼는 일반적으로 건물의 가장 위층에 설치해야 효과가 극대화되는데, 문제는 그 위치가 건물에서 가장 비싼 공간이라는 점이다. 이 때문에 설계 초기 단계에서 제진댐퍼 설치를 생략하려는 유혹이 생기기도 한다. 특히 홍콩의 초고층 건물의 경우 대부분 제진댐퍼가 설치되어 있지 않다. 초기 설계 단계에서 건축주에게 건물의 완공 시 흔들리는 정도를 실험실에서 실제로 느낄 수 있게 해준다. 그 후에 대부분의 건축주는 제진댐퍼를 설치하지 않고 태풍 시 상부층의 거주자나 영업시설 근무자를 하부 대피층으로 내려오게 하는 조치로 해결한다. 우리나라의 경우는 반대로 최초 준공 시에는 제진댐퍼가 없었으나 완공 후 건물 진동이 문제가 되어 건물 사용 중 제진댐퍼를 설치한 건물이 몇몇 군데 있다. 그 대표적인 사례가 강변 테크노마트 진동 사건이다. 강변 테크노마트에서는 한동안 지진과 같은 진동이 지속적으로 발생했다. 당시 건물 안에 있던 사람들이 실제 지진으로 오인해 긴급 대피했고, 외부에서도 큰 관심을 모았다. 원인을 두고는 매립지 구조, 강풍, 내부 설비 문제 등 다양한 가설이 제기되었지만 최종 결론은 의외였다. 건물 내 헬스클럽에서 회원들이 집단으로 태보 운동을 하며 뜀뛰기를 한 것이 원인이었다.

    핵심은 바로 공진 현상Resonance이었다. 건물은 고유한 진동 주기를 가지고 있는데, 외부에서 가해지는 반복적인 힘이 그 주기와 일치하면 진동이 증폭되는 현상이 발생한다. 이 때문에 작은 힘도 큰 진동으로 이어질 수 있는 것이다. 실제로 1831년에 영국의 브라우튼 현수교는 군인들이 발을 맞춰 행진하던 중 공진 현상으로 붕괴되었으며, 2000년에 노먼 포스터가 설계한 런던의 밀레니엄 브릿지도 개장식 날 사람들이 함께 걷기 시작하자 흔들림이 발생하여 이틀 만에 임시 폐쇄된 바 있다. 이처럼 사람들이 동시에 움직이면서 발생하는 진동을 HIV Human-

Induced Vibration이라고 한다. 테크노마트의 경우도 건물의 고유 진동 주기와 태보 운동의 반복 주기가 일치하면서 공진 현상이 유발되었고, 그로 인해 진동이 급격히 증폭된 것이었다. 결국 옥상에 수직과 수평 방향의 진동을 모두 흡수할 수 있는 복합형 제진장치를 설치했고, 그 이후에는 동일한 운동을 반복해도 더 이상 유의미한 진동이 발생하지 않았다.

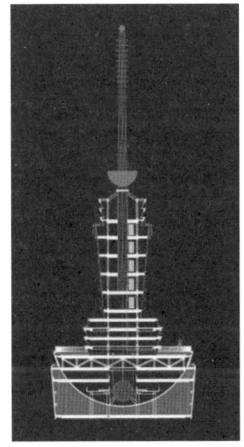 

제진댐퍼(TMD)

제진댐퍼TMD가 건물 내부에서 발생하는 진동을 흡수하는 방식이라면, 이번에는 진동이 건물에 전달되는 것 자체를 차단하는 기술이 있다. 바로 면진Base Isolation이다. 이 방식은 건물의 하부, 즉 지반과 건물이 만나는 경계에 고무와 철판을 겹쳐 쌓은 구조물을 삽입한다. 여기서 고무는 유연성을, 철판은 수직 하중에 대한 안정성을 담당한다. 지진이나 강풍에 의해 진동이 발생하면 고무층에서 대부분 흡수되어 건물 본체로 전달되는 것을 막는다. 그 결과, 건물이 받는 충격이 현저히 줄어들고 사람들도 내부에서 흔들림을 거의 느끼지 못한다.

최근에는 더 작고 스마트한 방식의 진동 차단 기술도 개발되고 있다. 능동질량감쇠기Active Mass Damper, AMD가 그 주인공이다. 기존의 제진 댐퍼가 진동에 따라 자연스럽게 반대 방향으로 움직이며 흔들림을 상쇄했다면, 능동질량감쇠기는 센서와 컴퓨터, 모터를 통해 실시간으로 진동을 감지하고 능동적으로 질량체를 이동시키는 시스템이다. 그 결과, 크기는 작아지고 설계 공간은 줄어들며, 효율은 높아지고 설치 비용도 절감된다. 정밀한 제어가 가능하기 때문에 초고층 건물뿐만 아니라 중저층 건물이나 특수 시설에서도 적용 가능성이 크다. 특히 일본에서 중·고층건물의 지진 진동을 감쇠시키기 위해 많이 사용되고 있다.

결국 중요한 것은 균형이다. 흐름을 읽고, 충격을 분산시키며, 자연과 공존하려는 구조적 해석을 따른다. 초고층 건축에 적용된 제진장치, 면진 기술, 다양한 감쇠 장치는 자연에 맞서기 위한 무기가 아니라 자연을 받아들이는 방식이다. 그리고 바로 그 점이 기술로 지탱된 건축이 가장 인간적인 이유다.

> "기술은 자연의 법칙에 도전하는 것이 아니라
> 그것을 이해하고 조율하는 일이다."
> ― 리처드 버클민스터 풀러(Richard Buckminster Fuller)

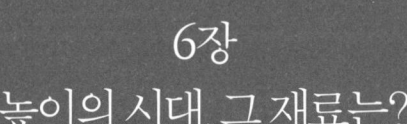

6장
높이의 시대, 그 재료는?

SKYSCRAPERS

철골 vs 콘크리트: 초고층 건물을 떠받치는 뼈와 근육

사람의 몸이 뼈와 근육이 함께 작동할 때 비로소 움직일 수 있듯, 초고층 건물 역시 두 가지 재료의 협력 위에 세워진다. 강철은 구조를 단단하게 지탱하는 뼈대가 되고, 콘크리트는 그 뼈대를 단단히 감싸며 무게를 분산하고 하중을 견디는 근육처럼 작동한다. 둘 중 하나만으로는 초고층 건물이 완성될 수 없다. 이 조합은 단지 재료의 선택 문제가 아니라 고층 구조물이 생존할 수 있는 가장 근본적인 방식이다.

과거의 건축은 돌이나 벽돌을 층층이 쌓아 올리는 방식이 전부였다. 하지만 건물이 높아질수록 더 많은 하중을 버텨야 했고, 자연스럽게 벽 두께는 점점 두꺼워질 수밖에 없었다. 그 결과 내부 공간은 급격히 줄어들었고, 건축의 한계도 분명해졌다.

1891년에 완공된 시카고의 모나드녹 빌딩은 당시로서는 혁신적인 16층짜리 벽돌 건물이었지만, 1층 외벽 두께만 무려 180센티미터에 달했다. 이 정도 두께는 건물이 더 높아질 경우 내부 공간의 대부분을 구조체가 차지한다는 뜻이며, 결국 이 방식으로는 지금 우리가 알고 있는 마천루는 상상조차 불가능했다. 전환점은 바로 철골 구조였다.

1889년, 뉴욕에 세워진 타워 빌딩은 철로 만든 뼈대인 강철 프레임을 이용해 외벽의 하중을 효과적으로 분산시켰고, 이로써 본격적으로 초고층 건축의 시대가 열렸다. 이 기술을 처음 도입한 건축가 브래드퍼드 리 길버트Bradford Lee Gilbert는 강풍에도 흔들리지 않는 철골 프레임의 견고함을 직접 시연해 보였고, 그 순간부터 건축은 더 이상 무겁고 두꺼운 벽돌에 의존하지 않아도 하늘을 향해 뻗어 나갈 가능성을 얻었다.

철골 구조의 장점은 명확했다. 강철은 가볍고 강도가 높아 초고층 건축에 매우 적합했고, 외벽이 얇아져서 실내 공간 활용도 훨씬 좋아졌다. 무엇보다 공장에서 미리 제작한 부재를 현장에서 조립하는 방식 덕분에 시공 속도가 획기적으로 빨라졌다.

하지만 철골은 완벽하지 않았다. 강철은 고온에 노출되면 쉽게 변형되기 때문에 화재에 취약했고, 시간이 지나면서 부식이 진행되어 철저한 방청 처리가 필수였다. 그리고 강철은 당기는 힘引張力에는 매우 강하지만, 누르는 힘壓縮力을 버티는 데는 상대적으로 약하다는 한계가 있었다. 초고층 건물이 자중自重과 층간 하중을 견디기 위해서는 강철만으로는 부족했기 때문에 이를 보완하기 위해 등장한 것이 바로 철근 콘크리트였다.

강철과 반대로 콘크리트는 누르는 힘에는 매우 강하지만, 당기는 힘에는 상대적으로 약하다. 이 두 재료는 마치 서로를 위해 태어난 퍼즐처럼 빈틈을 정확하게 메우며 완벽한 보완 관계를 이룬다. 콘크리트 안에 철근을 삽입하면 콘크리트는 누르는 힘을 견디고, 철근은 당기는 힘을 버텨서 두 재료의 물성이 조화를 이루어 훨씬 더 강력한 구조체가 탄생한다.

더 중요한 사실은 이 둘의 물리적 특성이 매우 유사하다는 점이다. 온도 변화에 따라 팽창하거나 수축하는 정도가 비슷하기 때문에, 두 재료가 하나의 구조체로 함께 작동할 때 변형이 적고 구조의 일체감이 매우 높아진다. 결과적으로 철근 콘크리트는 내화성^{화재에 대한 저항력}과 내진성^{지진에 대한 저항력}이 모두 뛰어나고 강철 구조물에 비해 방음과 단열에도 유리해 주거 공간에도 매우 적합하다. 다만 단점도 존재한다. 철근 콘크리트는 강철에 비해 무게가 훨씬 무거워서 건물 전체의 하중이 증가하고, 거푸집 설치와 양생 과정이 필요하기 때문에 시공 속도가 상대적으로 느리다. 하지만 시간이 지날수록 유지보수와 내구성 측면에서는 콘크리트가 더 경제적이며 안정적이다.

결국 초고층 건축은 이 두 재료의 장단점을 어떻게 조화롭게 결합하느냐에 달려 있다. 강철이 만들어 내는 가벼움과 유연성, 그리고 콘크리트가 제공하는 견고함과 안정성, 이들 두 요소가 서로 완벽하게 균형을 이룰 때 비로소 초고층 건물은 하늘을 향해 안전하게 뻗어 갈 수 있다.

오늘날 초고층 건축에는 여기에 또 다른 실험이 더해지고 있다. 더 높은 하중을 견디는 고강도 콘크리트, 제조 과정에서 이산화탄소 배출을 획기적으로 줄인 친환경 콘크리트, 그리고 무게는 더 가볍고 강도는 더 높은 신소재가 계속해서 개발되고 있다. 이는 단지 더 높은 건물을 짓기 위한 경쟁이 아니라, 건물의 무게를 줄이고 탄소 배출을 최소화하며 미래 도시의 지속 가능성을 확보하기 위한 필연적인 선택이다.

하늘을 향해 세워진 거대한 건물의 심장은 여전히 강철이다. 그리고 강철을 단단히 감싸며 묵묵하게 전체 하중을 지탱하는 근육은 콘크리트다. 이 두 재료는 건축가와 구조기술자의 손끝에서 마치 하나의 신체처럼 정교하게 연결되고, 서로 완벽하게 보완하며 조화롭게 작동한다.

초고층 빌딩은 결코 한 번의 선택이나 단순한 시도로 세워지지 않는다. 수십 년간 축적된 기술의 총합이자 재료와 구조가 오랜 시간 대화하며 완성해 낸 결과이며, 무엇보다도 무게와 균형 사이에서 정밀하게 조율된 하나의 예술이다.

"벽돌조차도 무언가가 되기를 원한다."
— 루이스 칸

콘크리트 발전의 시작

20세기 초에 '초고층'이라는 개념이 처음 등장했을 때부터 철골은 당연한 선택으로 여겨졌다. 반면 콘크리트는 더 무겁고, 다루기 까다롭다. 초고층 건물처럼 기초 설계가 복잡한 프로젝트에서는 그 무게가 오히려 부담이 되곤 했다. 그럼에도 콘크리트는 결코 포기할 수 없는 재료였다. 뛰어난 압축 강도, 우수한 내화 성능, 상대적으로 저렴한 원가. 그리고 무엇보다 자유로운 형태 구현이 가능하다는 유연성이 있었기 때문이다. 문제는 단 하나였다. 바로 발전 가능성이었다.

철골이 이미 성숙기에 접어들었다면 콘크리트는 여전히 미지의 영역이 남아 있었다. 그런데 1996년에 그 한계를 넘어선 건물이 등장한다. 말레이시아 쿠알라룸푸르 중심부에 세워진 페트로나스 트윈 타워다. 높이 451.9미터, 지상 88층 규모로 당시 세계에서 가장 높은 건물이었다. 서구 중심의 고도 경쟁이 이어지던 시기에 이 건물이 세워졌을 때는 동양이 처음으로 '높이'를 장악한 상징적인 순간이었다.

그런데 더 인상적인 것은 단지 높이가 아니었다. 이 건물이 철골이 아닌 콘크리트로 지어졌다는 사실이었다. 당시 대부분의 초고층 빌딩은 강철로 만들어졌다. 하지만 말레이시아는 수입 철강에 높은 관세가 부과되어 이를 대체할 수 있는 새로운 방식을 찾아야 했다. 결국 선택지는 명확했다. 콘크리트를 더 강하게 만드는 것이다.

구조설계사무소 손턴 토마세티Thornton Tomasetti Inc.는 이 프로젝트를 위해 '압축강도 700kgf/cm²'에 달하는 새로운 고강도 콘크리트를 개발했다. 일반 콘크리트보다 약 3배 강한 이 재료는 기둥 간격을 넓히고, 외관을 보다 날렵하게 유지할 수 있는 해답이 되었다. 건물의 무게는 줄었고 내부 공간은 더 넓어졌다. 건축설계자 시저 펠리는 페트로나스 트윈 타워의 상징성을 설명하며 한 철학자의 말을 인용했다. "노자에 따르면 공간의 본질은 그것을 둘러싼 벽이 아니라 그 안의 비어 있음에 있다." 그는 이 말을 영적인 차원에서 이해해야 한다고 덧붙였고, 그 철학은 페트로나스 트윈 타워에도 그대로 투영되었다.

설계자는 기둥을 줄여 시야를 넓게 확보하고자 했지만, 이 단순한 미학은 기술적으로 매우 복잡한 도전이었다. 기둥을 줄이면서도 구조적 안정성을 유지하기 위해서는 재료 자체가 변화해야 했다. 그렇게 콘크리트는 다시 태어났다.

　페트로나스 트윈 타워 이후 콘크리트는 더 이상 '조연'이 아니라 고층 건축의 전면에 등장했다. 이후 부르즈 칼리파 역시 콘크리트를 주요 구조 재료로 선택하며 이 흐름에 확실히 불을 지폈다. 콘크리트의 진화는 멈추지 않았다. 스스로 균열을 복구하는 '자가 치유 콘크리트', 빛이 통과하는 '투명 콘크리트', 시멘트 제조 과정에서 탄소 배출을 줄인 '저탄소 콘크리트', 그리고 해체된 구조물을 다시 활용하는 '재활용 콘크리트'까지. 이제 콘크리트는 단순히 단단한 재료를 넘어 지속 가능성을 품은 재료로 진화하고 있다.

　이제 질문을 해 보자. '무거운 콘크리트가 어떻게 초고층의 정점에 오를 수 있었을까?' 바로 기술과 욕망, 그리고 무엇보다 가능성이 있었기 때문이다. 철골이 이미 올라가 있던 자리를 콘크리트는 느리지만 꾸준히 따라잡았다. 이는 재료의 반전이 아니라 재료가 가진 철학의 진화였다.

> "건축은 돌과 유리로 지어진 것이 아니라
> 의지와 질문으로 지어진다."
> ─ 도요 이토(Toyo Ito, 일본 건축가)

해운대 LCT
©HEENAL

초고층 콘크리트의 선택: 해운대 LCT

건축을 전공하지 않아도 '콘크리트'라는 재료를 잘 알고 있다. 길을 걷다가, 건물 안을 지나다니면서 하루에도 수십 번씩 이 단어를 마주한다. 하지만 익숙함 속에서 문득 이런 질문을 던지게 된다.

'콘크리트는 어떻게 만들어지는 것일까?'

콘크리트는 시멘트, 물, 모래, 자갈을 섞어 만든 혼합물이다. 시멘트와 물이 만나면 수화反應라는 화학 반응이 일어나고, 이 과정에서 점점 굳어지면서 결국 돌처럼 단단한 형태로 변한다. 반죽처럼 유연했던 재료가 스스로 형태를 갖추는 순간, 그것은 곧 건축의 시작이 된다.

1995년 삼풍백화점 붕괴와 같은 대형 사고 이후, 한국에서는 오랫동안 '콘크리트 초고층'이 불가능하다는 인식이 자리 잡았다. 그러다 결국 그 한계를 넘어선 건물이 등장했다. 2013년에 착공해 2019년에 완공된 해운대 LCT는 부산 해변가에 위치한 101층짜리 랜드마크 타워 1개 동과, 각각 85층 높이의 아파트 2개 동으로 이루어져 있다. 하지만 이 건물이 단지 기술만으로 세워졌다고 하기는 어렵다. 그 과정을 들여다보면 '건축'이라는 행위 속에 정치, 경제, 도시계획, 그리고 인간의 욕망이 얼마나 깊게 얽혀 있는지를 명확히 알 수 있기 때문이다.

이 프로젝트는 시작부터 순탄하지 않았다. 2006년에 부산시는 117층 규모의 해운대 관광 리조트를 조성해 해외 관광객을 유치하겠다는 계획을 세웠다. 그런데 이후 상업시설만으로는 수익성이 부족하다는 판단이 내려졌고, 사업자는 고급 아파트를 포함시키기를 원했다. 결국 도시계획위원회의 결정에 따라 기존의 상업용 부지는 아파트 건립이 가능한 일반 미관지구로 변경되었다. 그뿐만 아니라 건물 높이에 제한을 두는 '해안경관 개선 지침'도 적용 대상에서 제외되면서 해운대 LCT는 법적·행정적 장벽을 하나씩 넘어섰다.

그렇다면 이런 과정은 공정했을까. 결코 그렇지 않았다. 2011년에 사업 승인이 떨어지자 곧이어 정·관계 로비 의혹이 불거졌고, 2016년에는 LCT 허가 과정을 두고 대대적인 수사가 시작되었다. 당시 시행사의 실질 소유주는 수백억 원대의 횡령과 뇌물 제공 혐의로 구속되었고, 여러 인사가 연루되어 처벌을 받았다. SBS「그것이 알고 싶다」에서 '회장님의 시크릿 VIP - 엘시티의 비밀장부는 있는가?' 편을 통해 이 사건을 집중 조명했고 사회적 파장은 더욱 커졌다. 결국 이 건물은 '비리 건물'이라는 오명을 쓰게 되었다.

게다가 공사 과정도 결코 순탄하지 않았다. 당초 중국 건설사인 중국건설공정^{CSCEC}와 시공 계약을 체결했지만, 무리한 공사비 책정과 경영권 요구로 갈등이 커졌고 결국 계약이 해지되었다. 이후 국내 건설사인 포스코건설이 투입되면서 공사는 다시 속도를 내기 시작했고, 마침내 완공에 이르렀다. 완공 이후에도 LCT는 여전히 복잡한 평가가 뒤따르는 건물로 남아 있다. 하지만 분명한 사실이 하나 있다. 바로 100층 이상의 콘크리트 초고층이 가능하다는 점. 그 사실만으로도 LCT는 한국 건축사에 중요한 이정표를 세웠다. 현재 LCT는 부산의 해안선을 상징하는 건물이 되었고, 과거의 그림자는 기능성과 고급화 전략 속에서 점차 희석되고 있다.

건설 장소에 따른 재료의 선택: 베트남 하노이 랜드마크 72

건물은 높이 올라갈수록 그 안에 수많은 선택의 흔적을 품고 있다. 그중에서도 가장 근본적인 선택 중 하나는 건물을 '무엇으로' 올릴 것인가다. 철골일까 아니면 콘크리트일까? 이 선택은 단순히 기술의 문제가 아니라, 때로는 환경에서 비롯되기도 한다. 예를 들어, 베트남 하노이 중심에 자리한 '랜드마크 72'는 당시로서는 파격적인 72층 규모의 초고층 건물이었고, 이 건물의 시공은 우리나라 경남기업이 맡았다. 주목할 점은 이 프로젝트에서 콘크리트가 주요 구조 재료로 채택되었다는 사실이다. 왜 철골이 아닌 콘크리트였을까?

당시 베트남은 고층 건축 경험이 많지 않았다. 대부분의 건물은 20층 안팎에 불과했으며, 철골 구조는 5층 이하의 소형 건물에서만 간헐적으로 사용되고 있었다. 공장에서 철골 부재를 제작하고, 이를 정밀하게 가공해 현장에서 조립하는 데 필요한 기술과 인프라가 부족했던 것이다. 게다가 철강 자재 역시 대부분 수입에 의존했는데, 수입 비용이 전체 사업의 경제성을 위협할 만큼 매우 컸다. 여기에 열대 기후는 또 다른 변수로 작용했다. 더운 날씨에서는 철골 용접이 까다롭고 품질 관리도 쉽지 않았다. 반면 콘크리트는 고온 다습한 날씨에서도 안정적으로 굳었고, 상대적으로 인건비가 저렴했던 베트남에서는 다

베트남 하노이 랜드마크 72
ⒸHEENAL

수의 인력을 투입해 공정을 진행할 수 있었기에 콘크리트 공사에 훨씬 더 유리한 환경이었다. 결국 이 건물은 기술이 아닌 환경이 선택한 콘크리트 구조물이었다. 이 프로젝트는 당시 베트남이 가진 현실적인 제약을 넘어선 상징적인 사례가 되었고, 랜드마크 72는 베트남에서 콘크리트 초고층 건축의 가능성을 처음으로 보여 준 구조물이 되었다.

그런데 구조를 정했다고 해서 모든 문제가 해결되는 것은 아니었다. 다음 단계는 시공 과정에서 중요한 논쟁이었다. 바로 포스트텐션 Post-Tension 공법을 적용할 것인가였다. 포스트텐션은 프리스트레스드 콘크리트 Pre-Stressed Concrete의 한 방식으로, 콘크리트가 완전히 굳은 후 내부에 설치된 강선을 강하게 당겨 구조물 전체에 긴장력을 부여하는 공법이다. 덕분에 긴 스팬, 즉 기둥과 기둥 사이의 거리를 넓게 확보할 수 있으며, 구조 강도를 높이면서도 슬래브 두께는 얇게 만들 수 있다. 결과적으로 공간 효율성, 구조적 안정성, 경제성까지 동시에 만족시킬 수 있는 공법이었다.

하지만 당시 현장 소장은 이 공법의 적용에 반대했다. 당시 베트남에서는 건물에 적용된 사례가 적었고, 특히 초고층 건물에는 적합하지 않다는 이유에서였다. 이에 구조설계자인 나는 강하게 밀어붙였고, 논쟁은 결국 경남기업 부회장이 직접 중재에 나설 만큼 격화되었다. 나는 세계 각국의 엔지니어에게 자문을 구했으며, 다수의 전문가들이 '기술적으로 충분히 가능하다'는 답변을 보내왔다. 그렇게 포스트텐션 공법이 랜드마크 72에 적용되었고, 이 결정은 공사의 속도와 완성도를 동시에 끌어올리는 결과로 이어졌다. 무엇보다 이 프로젝트는 한국의 구조기술이 콘크리트 초고층 분야에서도 글로벌 경쟁력을 갖추었음을 증명한 상징적인 사건으로 기록되었다.

그렇다면 우리나라에서는 어떤 기준으로 건축 재료를 선택할까? 한때 삼풍백화점 붕괴 사고는 콘크리트에 대한 신뢰를 무너뜨렸다. 하지만 이후 삼성동 아이파크 등 성공적인 콘크리트 초고층 구조물이 등장하면서 기술력으로 신뢰는 다시 회복되기 시작했다. 구조기술은 진화했고 콘크리트는 마침내 다시 설 자리를 찾았다.

우리나라는 철골과 콘크리트 두 가지 모두 자급자족이 가능한, 세계에서 몇 안 되는 나라다. 포스코와 같은 철강 산업 덕분에 철골은 안정적으로 공급되며, 시멘트와 골재 같은 자원도 충분히 확보되어 있다. 여기에 사계절이라는 기후 역시 콘크리트와 철골 어느 쪽에도 특별히 불리하지 않은 조건으로 작용한다. 결국 건축 재료의 선택은 기술의 문제가 아니라 용도의 문제로 바뀌었다. 주거용 건물에는 방음성과 내구성이 뛰어난 콘크리트가 주로 사용되고, 상업용 건물에는 넓은 공간이 요구되고 시공 속도가 빠른 철골 구조가 더 적합하다. 요즘은 두 재료를 혼합한 철골·철근 콘크리트[SRC] 구조도 점점 늘고 있다.

하지만 모든 국가에서 같은 기준을 갖는 것은 아니다. 일본과 영국은 철골 구조를 더 선호하는데, 그 이유는 단순히 기후나 자원이 아니라 역사와 도시 구조에 있다. 좁고 복잡한 도시, 그리고 제한된 시공 공간 속에서는 콘크리트처럼 현장에서 타설해야 하는 방식보다 공장에서 미리 제작한 부재를 현장에 가져와 조립하는 철골 방식이 훨씬 유리하다. 여기에 지진에 강한 유연성, 빠른 공사 속도, 철강을 자원으로 '건물 속에 묻어두는' 전략적 접근제2차 세계대전을 겪으면서 철의 자원화가 필요하다는 인식까지 더해지며 철골 구조는 단순한 구조적 선택을 넘어 문화와 자원의 전략으로 작동하고 있다.

그렇다면 재료는 언제 기술을 넘어설 수 있을까? 재료는 단지 건물을 높이는 도구로 쓰일 때는 기술에 머물러 있다. 하지만 재료가 도시와 문화, 환경의 맥락을 이해하고 거기에 반응할 수 있을 때, 비로소 기술을 넘어선 존재가 된다.

"설계는 질문이고, 구조는 그에 대한 대답이다."
― 시저 펠리

콘크리트, 구조를 넘어 미학으로: 종로 트윈 트리

콘크리트는 원래 단순한 재료였다. 앞서 언급한 것처럼 시멘트와 모래, 자갈, 그리고 물이 만나 화학적으로 굳어지는 이 물질은 태생부터 효율을 위해 만들어졌다. 단단하고 저렴하며, 거푸집만 있으면 어떤 형태로든 만들 수 있는 재료. 건축공학의 시선으로 보면 콘크리트는 기능과 구조의 결정체였다.

하지만 시간은 재료를 변형시키고, 수없이 반복된 손끝은 결국 그 속에서 아름다움을 발견하게 만든다. 고대 로마는 이미 이 잠재력을 알아차렸다. 화산재와 석회석을 섞어 만든 초기 형태의 콘크리트는 판테온과 콜로세움 같은 불멸의 건축물을 탄생시켰다. 천 년이 넘은 지금까지도 거대한 돔과 벽체는 여전히 인간의 손으로 만든 구조물이 어디까지 도달할 수 있는지를 보여 주는 경이로움의 기준이 되고 있다.

20세기로 넘어오면서 콘크리트는 일반적인 구조 재료를 넘어 건축가들의 도구, 아니 그보다 먼저 그들의 언어가 되었다. 르 코르뷔지에는 콘크리트를 숨기지 않고 거칠게 드러냈다. 그가 말한 "거친 콘크리트béton brut"는 단순히 노출 콘크리트의 물성을 뜻하는 것이 아니었다. 시대의 질감을 있는 그대로 받아들이고, 가공하지 않은 재료에서 새로운 질서를 만들어 내는 미학이었다. 이 철학은 훗날 브루탈리즘Brutalism이라는 이름으로 전 세계 건축계로 퍼져 나갔다.

일본의 안도 타다오는 빛을 활용했다. 콘크리트를 매끄럽게 다듬고, 그 위로 흘러드는 빛과 그림자를 통해 공간의 밀도와 질서를 만들어 냈다. 물성은 단단했지만 빛의 변화는 공간에 유연한 흐름을 부여했다.

미국의 건축가 프랭크 로이드 라이트는 콘크리트를 곡선으로 변형했다. 뉴욕 구겐하임 미술관의 나선형 동선은 관람자가 이동하는 동안 공간의 연속성과 흐름을 직관적으로 인식할 수 있도록 설계되었다. 건축이 보여 주는 방식이 아니라 사용자가 직접 경험하는 방식이 구조적 원리가 된 것이다.

트윈 트리

곡선을 미학의 중심으로 확장한 또 다른 건축가, 조병수 교수는 종로의 트윈 트리를 통해 비대칭 곡면과 연속적인 형태로 선형 콘크리트 구조의 가능성을 명확하게 드러낸다. 이 건물은 곡면과 비정형 구조가 철근 콘크리트로 어떻게 실현될 수 있는지를 입증하는 대표적인 사례다.

그렇다면 오늘날 콘크리트는 어디로 가고 있을까? 기술은 이 재료에 끊임없이 새로운 가능성을 부여하고 있다. 3D 프린팅 콘크리트는 거푸집 없이도 복잡한 곡면과 비정형 구조를 구현할 수 있고, 자가 치유 콘크리트는 균열이 발생하면 스스로 복구해 구조물의 수명을 연장한다. 초경량 콘크리트는 구조의 자중을 줄이는 데 기여하며, 투명 콘크리트는 빛을 투과하는 벽체를 가능하게 만들었다. 여기에 환경을 고려한 저탄소 콘크리트까지 등장하며, 건축은 더 이상 일반적인 구조물이 아니라 미래의 지속 가능성과 직접 연결되는 산업이 되었다.

어느 순간부터 콘크리트는 단순한 건축 자재를 넘어섰다. 이제 콘크리트는 건축가가 철학을 새기는 캔버스이자, 구조기술자가 문제를 해결하는 방정식의 핵심 변수다. 질서와 자유를 동시에 구현할 수 있는 재료가 되었고, 그 안에는 시대의 기술, 사회적 요구, 문화적 맥락까지 함께 담긴다. 과거에는 구조였지만 지금 콘크리트는 건축 언어로 기능하고 있다. 기능이 형태를 만들고, 형태는 공간의 경험을 결정한다. 그리고 공간의 총합은 결국 건축이며, 건축은 인간이 살아가는 세계의 물리적 얼굴이 된다. 콘크리트는 그렇게 미래의 삶을 짓는 도구가 되고 있다. 강도와 아름다움, 기술과 환경 사이에서 균형을 찾는 재료다.

"건축은 감정이다.
콘크리트는 그 감정을 붙잡는 그릇이다."

– 르 코르뷔지에

7장
도시는 상징을 원한다

SKYSCRAPERS

어떤 건축은 풍경을 바꾼다. 다른 건축은 시간을 새긴다. 그리고 또 다른 건축은 도시의 얼굴이 된다. 현대의 도시는 저마다 자신만의 얼굴을 갖기를 원한다. 그것은 단순히 높은 빌딩이나 아름다운 외관을 의미하지 않는다. 도시의 정체성을 대표하고 한 나라의 상징이 되며, 나아가서 세계의 기억 속에 각인되는 존재 '아이콘'이 된다. 그렇다면 하나의 도시를 상징하는 아이콘은 어떻게 탄생하는가.

그저 높이만으로 아이콘이 될 수 있을까, 아니면 그 안에 담긴 서사와 시민들의 기억이 더 중요한 것일까. 이 질문을 가장 먼저 떠올리게 하는 사례는 파리의 에펠탑이다.

철골이 만든 도시의 상징: 에펠탑

에펠탑은 1889년 파리박람회를 기념해 세워졌다. 공식적으로는 전시장 입구의 아치이자 박람회 전체를 대표하는 상징물로 설계되었지만 그 영향력은 전시장을 넘어섰다. 박람회의 주제와 콘텐츠를 모두 압도할 만큼 강한 시각적 존재감과 구조적 상징성을 드러냈다.

구조 엔지니어 구스타브 에펠Gustave Eiffel이 설계했으며, 당시 세계 최고 높이인 300미터를 기록했다. 공모전을 통해 선정된 뒤 '에펠탑 조성 공사'라는 이름으로 착공되었지만 이 구조물이 처음부터 환영받은 것은 아니었다. 프랑스의 학계와 예술계, 언론은 '도시의 하늘을 해치는 괴물'이라며 강하게 반대했다. 철골이라는 재료에 대한 근본적인 불신도 컸다. '프랑스의 품위와 기품을 해치는 흉물', '흉측한 새장에

불과하다'는 비난이 쏟아졌고, 언론은 이 구조물을 '어리석은 바벨탑'이라고 조롱했다. 일부 건축가는 '철골은 독립된 건축이 될 수 없다'고 단언하기도 했다.

그러나 에펠은 물러서지 않았다. 2년 동안 설계자 40여 명과 함께 초기 설계를 세부적으로 보완하며 모든 비난을 정면으로 받아들였다. 에펠은 이렇게 말했다. "지금은 싫어하더라도 언젠가는 이 탑을 사랑하게 될 것이다." 이 자신감은 단순한 허세가 아니었다. 화학을 전공한 그는 결국 철공업에서 자신의 천직을 찾았고, 철을 다루는 일에 깊은 열정을 쏟았다. 1866년 파리에 자신의 건설 회사를 설립한 이후, 다양한 철골 프로젝트를 통해 이미 '철의 달인'으로 인정받고 있었다.

에펠은 철골 구조의 가능성을 누구보다 잘 이해하고 있었으며, 그것을 하나의 도시 아이콘으로 승화시킬 수 있다고 확신했다. 에펠탑이 완공되자 시민들의 반응은 극명하게 엇갈렸다. 누군가는 '놀랍고 장엄하다'고 평가했고, 누군가는 '공장 굴뚝 같다'고 비꼬았다. 하지만 박람회가 끝날 무렵, 입장 수익만으로 건설비를 모두 회수하고도 남았다.

에펠탑은 일반적인 구조물이 아니라 근대 기술과 인간의 야망을 시각적으로 보여 주는 하나의 선언이 되었다. 처음에는 1910년까지만 존치될 예정이었지만, 시간이 지날수록 사람들의 사랑은 점점 더 커져서 결국 이 탑은 파리의 영구적인 상징으로 남았다. 이후 에펠탑은 전 세계 수많은 타워 설계에 직접적인 영향을 주었으며, 그중 가장 뚜렷한 사례는 일본의 도쿄 타워다.

> "예술 작품이란
> 한 인간의 기질을 통해 바라본 창조의 한 조각이다."
> — 구스타브 에펠

도쿄는 왜 두 개의 타워를 가졌는가?

1958년에 완공된 도쿄 타워는 전후 일본에서 경제 재건과 근대화를 세계에 알리기 위해 세운 건축적 선언이었다. 에펠탑보다 33미터 더 높은 333미터로 설계된 이 빨간 철골 타워는 민간 자본으로 건설되었으며, 송신탑 기능까지 수행한다는 목적이 있었다. 일본 전역에 전파를 송출하기 위해서는 원래 380미터가 필요했지만, 철탑이 흔들릴 우려와 구조적 안전성을 고려해 최종적으로 333미터로 조정되었다.

그러나 기술은 다시 진보했다. 디지털 방송 시대로 전환되면서 도쿄 타워만으로는 감당할 수 없는 새로운 송신 인프라가 필요해졌고, 이에 따라 2012년에 도쿄 스카이트리가 등장했다. 높이 634미터. 이 숫자는 도쿄 지역의 옛 지명인 '무사시むさし'에서 따온 것으로 기술과 전통, 상징성과 실용성이 결합된 결과였다. 현재 스카이트리는 도쿄 전경 속에서 저 멀리 후지산과 함께 어우러지며, 그 중심에 우뚝 솟은 도시의 새로운 랜드마크가 되었다. 도쿄의 주요 텔레비전 방송국 6개가 협력해 건설한 이 타워는 도쿄 전역 어디에서나 볼 수 있는 상징적

도쿄 스카이트리
ⓒHEENAL

인 구조물이 되었다.

도쿄 스카이트리는 일반적인 방송 송신 타워가 아니다. 타워 내부에는 대형 쇼핑몰, 수족관, 천문대, 레스토랑 등이 포함되어 도시의 기능을 수직으로 집약한 복합 공간으로 설계되었다. 하나의 건축이 도시 전체를 품는 방식이자, 시대가 요구하는 새로운 아이콘이 된 것이다.

도쿄 타워와 도쿄 스카이트리처럼 안테나와 방송 송신 기능을 겸하는 또 다른 도시의 아이콘으로는 캐나다 토론토의 CN 타워, 독일 베를린의 TV 타워, 중국 광저우의 TV 타워가 있다. 이들 역시 방송 인프라로서 역할을 수행함과 동시에 도시의 정체성을 상징하는 구조물로 자리 잡았다.

도시의 정체성을 담은 아이콘

도시의 아이콘은 필요에 의해 만들어지기도 하고, 기념하기 위해 만들어지기도 한다. 런던은 새천년을 맞아 프로젝트를 통해 도시의 아이콘을 계획적으로 만든 사례다. 그렇다면 런던은 어떤 아이콘을 선택했을까? 바로 '밀레니엄 시리즈'다. 런던아이, 밀레니엄 브리지, 밀레니엄 돔은 각각 관람차, 인도교, 공연장으로 기능하는 동시에, 새 시대를 맞이하는 도시의 제스처이자 미래를 향한 상징적 구조물로 설계되었다. 이처럼 도시의 아이콘은 단지 높거나 화려해서 만들어지는 것이 아니다. 시대의 흐름, 시민의 공간, 건축적 완성도가 조화를 이룰 때 비로소 완성된다.

그렇다면 우리나라에는 어떤 아이콘이 있을까? 많은 사람이 한국을 대표하는 건축물로 남산서울타워, 63빌딩, 롯데월드타워를 꼽는다. 실제로 서울의 스카이라인을 구성하는 데 빠질 수 없는 구조물이다. 하지만 질문은 여기서부터 시작된다. '과연 이 건물들이 세계인의 머릿속에 서울, 나아가서 한국을 즉각적으로 떠올리게 만들까.'

진정한 아이콘은 그 형태를 보는 순간 도시와 나라를 바로 연상시킨다. 에펠탑을 보면 파리가, 자유의 여신상을 보면 뉴욕이, 리우데자네이루의 거대한 예수상을 보면 브라질이 자연스럽게 떠오르듯 시각적 이미지와 도시의 정체성이 하나로 결합되어야 한다.

남산서울타워는 서울의 야경을 감상할 수 있는 인기 있는 관광지로, 시민과 방문객에게는 익숙하지만 국제적인 상징성은 다소 약하다. 63빌딩은 한때 한국 경제 성장의 상징으로 '황금빛 마천루'라고 불렸지만 시간이 흐르면서 상징성이 점차 희미해졌다. 롯데월드타워 역시 123층 높이와 유려한 곡선의 디자인으로 서울의 새로운 스카이라인을 형성하고 있지만, 한국 고유의 문화나 전통이 건축적 언어로 충분히 담겨 있다고 보기는 어렵다.

아이콘은 단순히 크거나 높다고 해서 완성되지 않는다. 도시의 이야기, 역사, 문화, 그리고 시민들의 감정까지 함께 담아야 비로소 진정한 상징이 된다. 한국을 대표하는 아이콘을 만들기 위해서는 기술력과 규모만을 앞세운 현대 건축물이 아니라 한국의 전통성과 창의성이 공존하는 구조물이 필요하다. 보는 이들이 '이것이 한국이다.'라고 명확하게 인식할 수 있는 상징이어야 한다.

이런 관점에서 서울은 도시의 아이콘을 만들기 위해 다양한 시도를 해 왔다. 대표적인 예가 바로 '천년의 문' 프로젝트다. 도시의 미래를 상상하며 계획했던 거대한 고리는 끝내 하늘에 오르지 못했지만, 그 뒤에 담긴 기술, 정치, 도시 비전의 이야기는 10장에서 더 자세히 살펴볼 것이다.

> "건축이 정말 즐겁고
> 나이를 먹을수록 더 깊이 빠져드는 이유는
> 우리 건축가들이 사람들의 삶의 질에 직접적인 영향을
> 미칠 수 있다고 믿기 때문이다."
> — 리처드 로저스

도시의 운명을 바꾼 건축: 청라시티타워

아이콘은 단순히 도시의 얼굴에 그치지 않는다. 잘 만들어진 아이콘은 도시 전체의 경제와 문화를 재편하는 힘을 가진다. 쇠퇴한 지역에 생기를 불어넣고, 이전까지 무명이었던 도시를 세계적인 관광지로 탈바꿈시키기도 한다. 스페인의 빌바오 구겐하임 미술관은 그 대표적인 사례다.

1997년, 스페인 북부 산업 도시 빌바오에 세워진 이 미술관은 단순한 문화 시설이 아니었다. 당시 빌바오는 조선 산업의 쇠퇴로 범죄율

과 실업률이 높아져서 도시 전체가 침체된 상태였다. 그러나 구겐하임 미술관이 들어서면서 상황은 급격히 변화했다.

세계적인 건축가 프랭크 게리Frank Gehry가 설계한 이 미술관은 독특한 형태만으로도 전 세계 관광객들의 이목을 끌었고, 수많은 사람들이 빌바오를 찾기 시작했다. 빌바오는 미술관 하나로 도시 전체가 재탄생했다. 과거에 하루 두 편의 비행기만 뜨던 빌바오 공항은 현재 국제선과 관광객으로 붐비는 공항으로 바뀌었다. 구겐하임 미술관은 일반적인 예술 공간이 아니라 지역 경제를 일으킨 도시 재생의 기폭제가 되었다. 그리고 우리는 이 현상을 '빌바오 효과Bilbao Effect'라고 부른다.

빌바오 구겐하임 미술관

비슷한 사례는 일본 센다이에서도 찾아볼 수 있다. 센다이 미디어테크는 초기에 상당한 비판에 직면했다. '이게 도서관인가?', '기괴한 구조물 아닌가?'라는 반응이 지배적이었다. 하지만 이 건축물은 기존

청라시티타워

의 도서관 개념을 근본적으로 바꾸었다. 단순히 책을 보관하고 대출하는 공간이 아니라 전시와 영상, 정보와 미디어가 융합된 공공 문화 공간으로서 새로운 역할을 수행했다. 결과적으로 센다이는 이 건축물 하나로 국제적인 주목을 받았고, 미디어테크는 항공사 기내 잡지나 해외 여행 프로그램에도 자주 등장하며 도시 이미지 메이킹에 성공한 대표적인 사례가 되었다.

한국에서도 도시 개발에서 아이콘을 중심으로 한 전략이 적극적으로 시도되고 있다. 대표적인 사례가 인천 청라국제도시에 계획된 청라시티타워다. 이 프로젝트는 단지 높은 전망대를 세우는 것이 목적이 아니다. 청라시티타워는 도시의 중심축이자 상징으로 기획되었으며, 이를 기반으로 주거지 개발, 상업지 가치 상승, 지역 경제 활성화까지 동시에 추진하고 있다. 지역 주민과 투자자에게는 '청라시티타워가 있는 도시'라는 인식만으로도 프리미엄이 형성된다.

이처럼 타워의 존재는 그 자체로 도시 마케팅의 강력한 도구가 된다. 실제로 대규모 도시 개발 조감도를 보면, 대부분 중심에 하나의 랜드마크가 배치되어 있다. 이는 분양 성과에도 직접적인 영향을 미친다. 타워가 실제로 지어졌는지 여부와는 상관없이 사람들은 상징물이 주는 기대감에 투자하고 이주를 결정한다.

그런데 문제는 여기에 있다. 일부 프로젝트에서 조감도 속 랜드마크를 앞세워 사전 분양을 성공적으로 마친 뒤, 실제 건설은 미루거나 아예 취소해 버리는 경우가 발생하는 것이다. 이로 인해 약속된 상징물을 기대했던 주민들은 강하게 반발했고, 실제로 몇몇 사례에서는 '조감도와 동일한 랜드마크를 지어달라'며 법적 소송을 제기하기도 했다. 이런 사례는 도시 개발에서 아이콘이 단순한 시각적 장식이 아니라, 경제적 신뢰이자 도시가 시민에게 내거는 약속이라는 점을 분명히 보여 준다.

"건축은 가치의 표현이다."
— 노먼 포스터

아이콘의 본질은 어디에 있는가?

도시의 아이콘은 단지 야망이나 시각적 상징이 아니다. 그 안에는 다양한 욕망과 목적이 담겨 있다. 누군가는 자신의 이름을 남기기 위해, 다른 누군가는 투자 수익을 극대화하기 위해 아이콘을 세운다. 어떤 시대에는 국가 체제나 이념을 선전하는 수단으로 아이콘이 활용되기도 한다. 한 가지 확실한 사실은, 이 아이콘이 성공할지는 아무도 알 수 없다는 것이다. 거대한 비용, 복잡한 이해관계, 긴 시간, 그리고 수많은 참여자 속에서 건축은 언제든지 방향을 잃을 수 있다.

그러나 진정한 아이콘은 결국 사람들의 기억 속에 남는다. 도시의 진짜 주인은 누구인가? 정부도, 시행사도 아니다. 도시의 아이콘은 시민의 공감 없이는 완성되지 않는다. 사람들이 자발적으로 찾고 경험하고 자부심을 느낄 때, 비로소 건축물은 살아 있는 상징이 된다.

프랭크 게리는 이렇게 말했다. "건축은 사회를 감동시키기 위한 도전이어야 한다." 좋은 건축은 도시를 감동시킨다. 그리고 좋은 아이콘은 그 감동을 오랫동안 지속시킨다. 그렇다면 우리 도시에 지금 그런 아이콘이 존재하는가? 아이콘은 단순히 세워지는 것이 아니라 시민들이 그것을 받아들일 준비가 되어 있을 때 비로소 도시에 뿌리내린다.

"건축은 단순히 건물을 짓는 일이 아니다.
그것은 그 장소의 정신을 전달하는 수단이다."

― 다니엘 리베스킨트

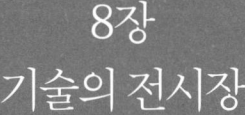

8장
기술의 전시장

SKYSCRAPERS

도시의 하늘 아래에는 거대한 전시가 펼쳐지고 있다. 우리는 종종 전시회를 찾는다. 예술의 감동을 위해, 혹은 첨단 기술의 진보를 확인하기 위해서다. 하지만 정작 매일 오가는 도시 한복판에도 거대한 전시장이 존재한다는 사실은 쉽게 잊고 지낸다.

고개를 들어 하늘을 올려다보면 알 수 있다. 빛나는 커튼월, 유려하게 연결된 스카이브릿지, 바람을 가르며 솟구친 유리탑. 이것은 단순한 건물이 아니다. 이 시대의 공학과 기술력, 인간의 상상력이 집약된 하나의 거대한 전시물이다. 초고층 건축은 그 시대마다 진보해 온 기술의 정수가 응축된 결과다.

엘리베이터의 운행 속도를 제어하는 시스템, 수직 하중과 수평 하중을 동시에 지지하는 복합 구조, 댐퍼와 면진 기술을 통한 진동 대응, 초고강도 콘크리트와 강재, 커튼월과 더블스킨 구조를 통한 열차단 기술, 그리고 에너지 효율을 극대화하는 스마트 기술까지. 이 모든 것은 건축이라는 '껍질' 속에 조용히 숨겨져 있지만 그 존재와 역할이 결코 작지 않다.

언젠가부터 도시의 스카이라인은 높이를 겨루는 경쟁의 대상이 아니라 시대별 기술의 연대기처럼 느껴진다. 지금 이 순간에도 더 가볍고, 더 강하고, 더 지혜로운 건축이 계속해서 하늘을 향해 올라가고 있다. 그리고 우리는 그 앞에 서서 스스로에게 질문을 던진다.

'이것은 어디까지 올라갈 수 있는가?'

'그리고 이 기술은 다음 세대에게 무엇을 남길 수 있을 것인가?'

도시를 움직이는 보이지 않는 심장: 엘리베이터

사람의 몸에 피가 흐르지 않는다면 살아갈 수 있을까. 심장이 펌프질을 멈추는 순간, 온몸의 기능은 즉시 마비되고 만다. 사실 도시는 이와 다르지 않다. 우리가 초고층 건물이라고 부르는 거대한 구조물 안에서도 사람들이 오르내리고, 물건이 이동하고, 공간이 숨 쉬며 유기적으로 작동할 수 있는 이유는 바로 엘리베이터라는 보이지 않는 시스템 덕분이다.

엘리베이터는 단순히 위아래로 이동하는 기계가 아니다. 그것은 건물의 심장이자 도시를 연결하는 혈관이며, 무엇보다도 고층 건축을 가능하게 만든 근본적인 기술이다. 이 기술의 시작은 생각보다 훨씬 오래되었다. 기원전 3세기, 아르키메데스는 도르래를 이용해 짐을 들어 올리는 장치를 설계했고, 로마 시대의 건축가 비트루비우스도 비슷한 형태의 기계를 기록으로 남겼다. 하지만 당시의 승강기는 어디까지나 사람이 직접 줄을 당겨 올려야 하는, 말 그대로 '근육의 기계'였다.

진정한 변곡점은 1852년, 한 남자의 등장에서 시작된다. 엘리샤 오티스Elisha Otis는 고장이 난 승강기가 추락하는 모습을 보며 '과연 이 문제를 어떻게 해결할 수 있을까'라는 질문을 던졌고, 끝내 '추락하지 않는 장치'라는 해답을 찾아냈다. 그리고 2년 뒤, 뉴욕 박람회 한복판에서 그는 수많은 관중이 지켜보는 가운데 높이 12미터의 플랫폼에 올라 조수에게 단 한마디를 외친다.

"엘리베이터에 연결된 줄을 끊어라!"

그 순간, 플랫폼은 순식간에 아래로 떨어졌지만 예상과 달리 '쾅' 소리와 함께 멈춰 섰다. 관중들은 숨을 죽였고 이어서 곧 커다란 환호성이 터져 나왔다. 그날 이후 엘리베이터는 일반적인 기계 이상의 존재가 되었다. 더 이상 불안정한 장치가 아니라 누구나 신뢰할 수 있는 안전한 이동 수단이 되었고, 이 기술은 이후로 수직 도시를 가능하게 만든 결정적 전환점으로 기록된다.

오티스의 자식들은 단지 기술자의 후손이 아니었다. 그들은 마케팅의 천재였다. "엘리베이터가 있으면 부자는 더 이상 1층이 아니라 꼭대기 층을 원할 것입니다."라는 그들의 말은 단순한 예측이 아니라 곧 도시 공간의 질서를 바꾼 하나의 선언이었다.

엘리베이터는 도시의 위계를 바꿔 놓았다. 과거에는 출입이 쉬운 1층이 가장 비쌌고, 계단을 오르는 불편함 때문에 꼭대기 층은 상대적으로 가치가 낮았다. 하지만 엘리베이터가 등장하면서 가장 불편했던 꼭대기 층은 이제 가장 비싼 펜트하우스가 되었고, 한때 가장 높은 가치를 지녔던 1층은 오히려 상업 공간으로 쓰이거나 상대적으로 저렴한 층으로 바뀌었다. 엘리베이터는 일반적인 이동 수단이 아니라 도시의 공간 구조와 가치 체계 자체를 다시 쓴 기술이었다.

지금 우리가 아무렇지도 않게 타고 오르는 이 작은 상자는 사실상 100층 넘는 초고층 건물을 가능하게 만든 혁신의 결정체다. 부르즈 칼리파에는 시속 36킬로미터, 초속 10미터로 움직이는 초고속 엘리베이터가 설치되어 있어 단 1분이면 무려 124층까지 도달할 수 있다. 불과

150년 전만 해도 사람들이 상상조차 할 수 없었던 일이 이제는 일상 속에서 너무도 당연하게 누리는 현실이 된 것이다.

그러나 엘리베이터의 진화는 여기서 멈추지 않았다. 건물이 더 높아지고 공간의 수직화가 더욱 가속화될수록 이 작은 수직의 통로는 더욱 빠르고 더 안전하며 더 효율적인 방식으로 진화하고 있다. 그렇다면 지금 이 순간 엘리베이터는 어디까지 왔고, 또 어디까지 나아갈 수 있을까.

엘리베이터는 속도만 진화한 것이 아니다. 높아진 건물만큼 공간 활용과 운송 효율을 극대화하기 위한 기술적 진화도 함께 이어지고 있다. 더블데크 엘리베이터는 2개 층을 동시에 연결하는 일종의 '이층 구조' 엘리베이터다. 말레이시아의 페트로나스 트윈 타워나 서울의 롯데월드타워에서 볼 수 있는 이 시스템은 승강 칸 2개가 위아래로 붙어 있어 한 번의 운행으로 두 층에 동시에 정차할 수 있다. 덕분에 한 번에 더 많은 사람을 수송할 수 있어 대기 시간도 현저히 줄어든다.

이와는 또 다른 형태인 트윈 엘리베이터는 하나의 수직 통로 안에서 엘리베이터 2대가 서로 독립적으로 움직이는 방식이다. 같은 샤프트 안에서 엘리베이터 2개가 충돌 없이 따로 흐르며 운행된다. 덕분에 동일한 공간에서 운송량은 배가되며, 공간 절약과 에너지 효율까지 동시에 달성할 수 있다.

초고층 건물에서는 단순히 빠른 엘리베이터만으로는 한계가 있다. 바로 수직 이동 거리가 너무 길기 때문이다. 그래서 등장한 개념이 스

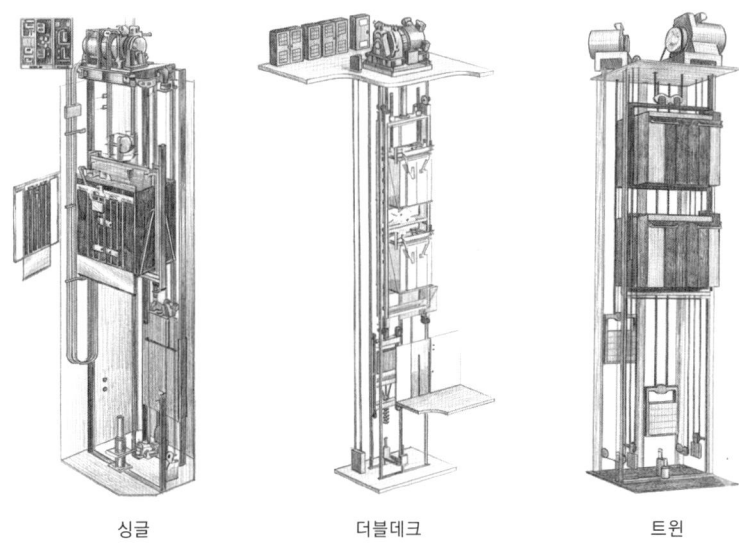

| 싱글 | 더블데크 | 트윈 |

다양한 엘리베이터 형태

카이 로비 시스템이다. 이는 마치 도시의 지하철처럼 엘리베이터도 '환승'하는 구조다. 저층부 엘리베이터를 타고 중간층인 스카이 로비에서 내린 뒤, 다시 고층부 전용 엘리베이터로 갈아타는 방식이다. 덕분에 하나의 엘리베이터가 건물 전체를 감당할 필요가 없어져서 각 구간에 최적화된 운행이 가능해졌다.

엘리베이터가 더 높이 올라가기 위해서는 일반적인 기계 성능만으로는 부족하다. 그래서 등장한 것이 바로 울트라로프UltraRope다. 탄소섬유로 제작된 이 케이블은 기존의 강철 케이블보다 훨씬 가볍고, 길어져도 늘어짐이 거의 없으며, 마모와 진동에도 강하다. 사우디아라비아의 제다 타워처럼 높이가 1,000미터에 달하는 초고층 건축에서 이 기술은 더 이상 선택이 아니라 필수에 가깝다.

로프는 엘리베이터의 생명줄이다. 엘리베이터는 로프에 매달려 수직 통로를 통해서만 이동해야 한다. 그런데 최근 로프 없이 자기장을 이용한 로프리스 엘리베이터Ropeless Elevator가 개발되면서 엘리베이터는 수직과 수평으로 자유 자재로 이동할 수 있게 되었다. 이로써 초고층 코어 바닥면적의 20~30퍼센트라는 획기적인 면적으로 줄어들었고, 다양한 형태의 초고층 건물의 설계가 가능해졌다.

그리고 초고층의 속도를 상징하는 또 하나의 기술이 있다. 바로 초고속 엘리베이터다. 광저우 CTF 금융센터에 설치된 엘리베이터는 시속 72킬로미터, 초속 20미터로 움직여서 단 몇 초 만에 수십 층을 올라간다. 이동 중 기압 변화로 귀가 먹먹해지는 현상을 막기 위해 압력 조절 장치까지 탑재되어 있다. 이제 건물 속의 혈류는 그야말로 '빛의 속도'로 흐르고 있다.

오늘도 아무렇지 않게 오르고 내리는 엘리베이터 안에는 바로 도시를 바꿔 온 혁신의 이야기와, 도시를 더 멀리 더 높이 바라볼 수 있게 만든 기술의 진보가 함께 담겨 있다. 엘리베이터는 늘 조용하게 작동하지만 그 안에서 우리는 위로, 더 위로 올라간다. 그리고 그 위에는 언제나 또 다른 세계가 기다리고 있다.

> "엘리베이터야말로
> 마천루를 가능하게 만든 결정적인 발명이다."
>
> — 레이먼드 후드

기둥이 줄어든다: 기둥 축소

초고층 건물은 마치 하늘을 향해 뻗어 오른 거대한 나무와 같다. 하지만 세월이 흐르면 나무가 속이 비고 줄기가 휘거나 변형되는 것처럼 이 거대한 구조물 역시 시간이 지나면서 서서히 변화를 겪는다. 그중 하나가 바로 기둥 축소 Column Shortening다.

사람의 척추가 오랜 시간 압력을 받으면 아주 미세하게 줄어들 듯이, 초고층 건물의 기둥도 상부에서 가해지는 막대한 하중을 받으면 시간이 지날수록 조금씩 짧아진다. 물론 그 변화는 눈에 띌 만큼 크지는 않지만 건물 전체의 균형과 구조적 안정성에 영향을 미칠 만큼 중요한 문제다.

더욱 까다로운 점은 이런 축소 현상이 모든 기둥에서 동일하게 발생하지 않는다는 사실이다. 어떤 기둥은 조금 더 많이 줄어들고, 다른 기둥은 상대적으로 덜 줄어들기 때문에 이 미세한 차이가 시간이 흐를수록 누적되면서 예상치 못한 구조적 문제로 이어질 가능성이 커진다.

이처럼 초고층 건축에서 기둥 축소는 단순히 재료의 물리적 특성이 만들어 내는 자연스러운 현상으로 볼 수 없고, 반드시 사전에 예측하고 보정해야 할 중요한 설계 변수다.

기둥이 줄어드는 원인은 크게 두 가지로 나눌 수 있다. 첫 번째 원인은 재료 자체의 성질에서 비롯된다. 강철로 만든 기둥은 하중을 받는 순간 탄성 변형으로 인해 약간 줄어들긴 하지만, 일정 수준의 변형이 발생한 이후에는 더 이상 큰 변화 없이 비교적 안정적으로 유지된다. 그러나 콘크리트는 상황이 다르다. 콘크리트는 하중이 지속적으로 가해질수록 점차 조금씩 더 줄어드는 크리프^{Creep} 현상이 발생하고, 시간이 지나면서 내부 수분이 증발하면서 발생하는 건조 수축$^{Drying\ Shrinkage}$ 역시 기둥 길이에 영향을 미친다. 이런 변화는 단기간에 그치는 것이 아니라 몇 년에서 길게는 수십 년에 걸쳐 서서히 진행되며, 결국 건물 전체의 균형에 영향을 미친다.

기둥이 줄어드는 두 번째 원인은 구조적 위치와 하중의 분포 차이에서 비롯된다. 예를 들어, 건물 중심부에 위치한 코어 벽과 외곽에 배치된 기둥처럼 서로 다른 구조적 역할을 가진 부재는 애초에 받는 하중 자체가 다르기 때문에 그에 따른 축소량 역시 다를 수밖에 없다. 이런 현상을 부등 축소$^{Differential\ Shortening}$라고 한다. 부등 축소가 제대로 보정되지 않으면 바닥이 미세하게 기울어지거나, 창문의 틈이 벌어지거나, 외장 패널이 어긋나는 등 다양한 형태의 마감 문제와 구조적 불균형이 발생할 수 있다.

기둥 축소는 구조적인 측면에서도 문제가 명확하다. 특히 건물 중심의 코어와 외곽 기둥을 잇는 아웃리거나 벨트 트러스 같은 주요 구조 요소에 예상치 못한 응력이 집중될 경우, 이는 단지 마감 문제를 넘

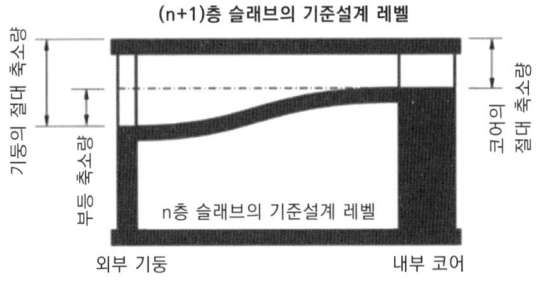

벽과 기둥의 부동 축소

어 건물의 전체적인 안전성에도 직접적인 영향을 미칠 수 있다. 또한 바닥의 평탄도가 흐트러지고, 외벽을 감싸는 커튼월 시스템이 틀어지거나 접합 부위에 균열이 생길 위험도 있다.

이 현상은 기능적인 문제까지 동반한다. 예를 들어, 엘리베이터 레일이 미세하게 틀어지면 고속 운행 중 진동이나 소음이 발생할 수 있고, 심할 경우 안전 운행에도 직접적인 영향을 준다. 또한 배관이 설계 당시와 달리 예상보다 압력을 더 받으면서 연결 부위에 과도한 응력이 집중되어 누수나 파손 같은 문제가 발생하기도 한다. 결국 초고층 건축에서 기둥 축소는 단지 구조의 내구성만의 문제가 아니라 건물의 품질과 안전, 장기적인 유지 관리까지 직결되는 중요한 변수인 셈이다.

그렇다면 이런 문제는 어떻게 해결해야 할까. 초고층 건물을 설계할 때는 기둥이 하중을 받으며 얼마나 축소될지를 사전에 정밀하게 계산하고, 그 결과를 도면에 반영해 시공한다. 예를 들어, 하층 기둥은

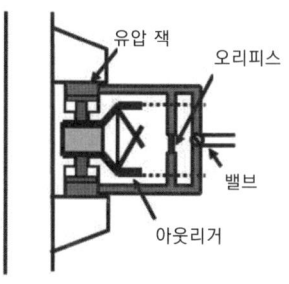

기둥 축소의 보정 장치

상층에 비해 하중이 훨씬 크기 때문에 시간이 지나면서 더 많이 줄어들 것을 미리 예측하고, 애초에 상층 기둥보다 약간 더 길게 시공한다. 이를 보정 설계Predicted Shortening Compensation라고 한다.

또한 아웃리거나 벨트 트러스처럼 코어와 외곽을 연결하는 주요 구조 부재에는 유압 댐퍼나 자동 조정 장치를 설치하여 축소 차이가 시간이 지남에 따라 실시간으로 자연스럽게 조정되도록 설계한다. 이런 시스템은 단지 초기 시공 단계의 오차를 줄이는 것에 그치지 않고, 건물 전체가 수십 년 동안 안정적으로 기능할 수 있도록 장기적인 균형을 유지하는 역할을 한다.

인천 송도에 세워진 68층 규모의 포스코 타워에는 기둥 축소 보정 기술이 적용되었다. 외장 패널에 유동성이 있는 특수 연결 부위를 설치해, 건물이 시간이 지나면서 미세하게 줄어들더라도 외벽 패널이 틀어지거나 이격되지 않도록 설계했다.

또한 바닥 슬래브와 수직 벽체 사이에도 유연한 결합 방식을 적용해, 각 부재가 서로 다른 축소량을 가지더라도 전체 구조가 자연스럽게 균형을 유지할 수 있도록 했다. 이런 설계는 단순히 건물을 '버티게' 만드는 것에 그치지 않고, 수십 년이 지나도 외형이 틀어지지 않고 기능과 안전을 온전히 유지할 수 있도록 만드는 매우 세밀한 기술적 대응이다.

보이지 않는 구조 속에서 아주 조금씩, 그러나 끊임없이 일어나는 변화. 이 작은 축소의 차이가 결국 수백 미터 상공을 지탱하는 건물 전체의 수직도와 안정성, 외장 마감의 품질을 좌우한다. 그래서 건축가와 구조기술사는 이렇게 보이지 않는 '기둥 축소'를 결코 가볍게 여기지 않는다.

마치 인간의 척추가 몸 전체의 균형을 유지하는 것처럼, 초고층 건물에서 기둥 축소는 일반적인 물리적 변형 이상의 의미를 가진다. 구조의 균형과 생명력을 결정짓는 핵심 변수이며, 사람과 건물 모두 보이지 않는 작은 변화가 전체를 얼마나 쉽게 흔들 수 있는지를 보여 주는 본질적인 메커니즘이다. 바로 그 작은 변화를 사전에 대비하고 대응하는 기술이야말로 초고층 건축을 가능하게 만드는 진짜 힘이다.

> "구조의 힘은 눈에 보이는 것이 아니라
> 계산된 것에 있다."
>
> ─ 구스타브 에펠

건물의 숨결을 이용하다: 굴뚝 효과

초고층 건물은 마치 거대한 하나의 유기체처럼 외부 환경과 끊임없이 상호작용하며 살아 숨 쉰다. 강철과 유리로 이루어진 이 거대한 몸체는 외부의 공기를 들이마시고 내쉬는 과정을 반복하며, 내부와 외부의 기압과 온도 차를 통해 끊임없이 공기를 순환시킨다. 마치 인간이 폐를 통해 호흡하듯 마천루는 바람과 온도 차, 고도에 따라 자체적으로 공기의 흐름을 만들어 낸다. 이 거대한 건축물이 만들어 내는 호흡의 방식을 굴뚝 효과 Chimney Effect, Stack Effect라고 한다.

그렇다면 굴뚝 효과란 정확히 무엇일까. 겨울철을 떠올려 보면 이해가 더 쉬워진다. 따뜻한 실내 공기는 위로 올라가고, 차가운 공기는 아래로 내려오는 자연스러운 공기의 이동 현상이다. 따뜻한 공기는 밀도가 낮아 가벼워지고, 차가운 공기는 상대적으로 무거워 아래로 가라앉는다는 일반적인 물리 법칙이 초고층 건축물 속에서는 생각보다 훨씬 더 큰 물리적 힘으로 작동한다.

특히 엘리베이터 샤프트, 비상계단, 공조 덕트와 같은 건물 내부의

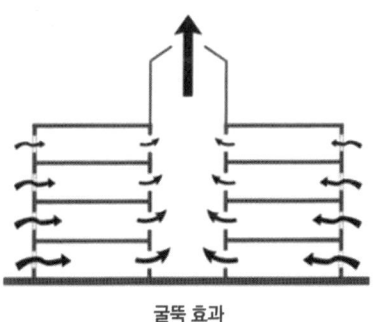

굴뚝 효과

거대한 수직 통로는 마치 거대한 굴뚝처럼 기능하며, 이런 공기의 흐름을 더욱 강하게 가속시킨다. 그래서 이 현상은 이름 그대로 '굴뚝처럼 작동하는 효과'라고 부른다. 여기서 중요한 사실은 건물이 높아질수록 굴뚝 효과가 기하급수적으로 더 강해진다는 점이다.

건물 아래와 위의 기압 차, 그리고 내부와 외부의 온도 차가 클수록 공기는 훨씬 더 빠르고 강하게 위로 빨려 올라간다. 특히 겨울철처럼 실내가 난방으로 뜨거워진 상태에서는, 따뜻한 공기가 상층으로 치솟으면서 빈 공간을 메우기 위해 건물 1층 출입문 틈으로 외부의 차가운 공기가 거세게 들이닥친다. 누구나 초고층 건물의 현관문을 열다 갑자기 불어닥치는 강풍에 휘청이거나 문이 쉽게 닫히지 않는 불편함을 경험해 본 적이 있을 것이다. 이런 현상은 모두 굴뚝 효과 때문이다. 심지어 엘리베이터 샤프트 내부에서 바람이 쏟아져 나오는 현상 역시 같은 원리로 설명된다.

문제는 일상적인 불편함에만 그치지 않는다는 점이다. 만약 화재가 발생하면 상황은 훨씬 더 치명적으로 변한다. 굴뚝 효과는 단순히 공기만 위로 밀어 올리는 것이 아니라 뜨거운 연기와 유독가스까지도 상층으로 빠르게 끌어올린다. 마치 굴뚝에서 피어오르는 연기처럼 연소 가스는 수직으로 순식간에 퍼진다. 이 때문에 고층 건물의 화재 안전 설계에서는 굴뚝 효과를 반드시 전제로 삼아야 한다. 바람의 흐름과 압력 차이를 제대로 이해하지 못하면 불과 1분 만에 연기가 상층부 전체를 뒤덮어 버릴 수 있다. 초고층 건축에서 굴뚝 효과는 공기 순환의 문제가 아니라 생명과 직결되는 매우 중요한 물리적 변수다.

하지만 굴뚝 효과가 언제나 부정적인 현상만은 아니다. 오히려 이 물리적 원리는 자연의 힘을 적극적으로 활용할 수 있는 기회가 되기도 한다. 예를 들어, 많은 초고층 건물의 출입구에 설치된 회전문은 바로 굴뚝 효과로 인한 급격한 공기 이동을 차단하기 위한 장치다. 회전문은 실내와 실외의 압력 차로 발생하는 강한 기류를 막아 주고, 동시에 겨울철에는 따뜻한 공기가 빠져나가는 것을, 여름철에는 시원한 공기가 외부로 새어 나가는 것을 효과적으로 방지한다. 단순해 보이지만 건물의 에너지 효율을 지키는 매우 실용적인 해결책이다.

또한 굴뚝 효과는 자연 환기 시스템 설계에서도 매우 유용하게 활용된다. 대표적인 사례 중 하나는 중국 우한에 제안된 봉황 타워^{Phoenix Tower} 프로젝트다. 이 건축물은 상층부에서 태양열로 공기를 가열해 상승시키고, 하층부로는 자연스럽게 시원한 공기가 유입되도록 설계되었다. 결국 외부 기류와 온도 차를 이용해 인공 냉방 시스템 없이도 실내 온도를 조절할 수 있는 친환경 건축을 목표로 한 것이다. 이처럼 굴뚝 효과는 단지 건축의 약점이 아니라 자연이 숨 쉬는 방식과 동일한 원리를 건축 속으로 끌어들이는 기술적 전략이 될 수 있다.

기술적으로는 이런 굴뚝 효과를 제어하고 완화하기 위해 다양한 보완 장치가 존재한다. 대표적인 예가 로비에 설치되는 이중문 시스템^{Double Door Vestibule}이다. 이 장치는 실내와 실외 사이에 물리적 완충 공간을 만들어 공기의 직통 유입을 차단해 압력 차로 인한 강한 기류를 효과적으로 막아 준다.

또한 초고층 건물에서는 가압 코어 시스템Pressurized Core System을 도입해 건물 내부 공기의 흐름을 설계 의도대로 적극적으로 제어한다. 특히 화재 발생 시에는 비상계단이나 피난 통로의 압력을 인위적으로 높여 유독가스와 연기가 퍼지지 않게 차단하는데, 이 시스템은 일반적인 편의 장치를 넘어 재난 상황에서 수많은 사람의 생명을 지키는 핵심적인 안전 기술로 작동한다.

이제 마천루는 단순히 철근과 유리로 지어진 거대한 구조물이 아니다. 외형만큼이나 복잡하게 작동하는 유기적인 시스템이며, 끊임없이 외부 환경과 상호작용하며 호흡하는 하나의 생명체와도 같다. 그리고 바람, 기압, 온도 등 수많은 물리 법칙 위에서 정교하게 설계된 거대한 기술의 결정체다.

굴뚝 효과는 그런 건축물의 숨결이다. 잘 설계된 호흡은 건물을 쾌적하게 만들고, 거주자의 안전과 편의를 보장한다. 하지만 이 호흡은 제대로 관리하지 못하면 때로는 치명적인 위험으로 변할 수 있다. 바람은 언제나 보이지 않는 경로를 따라 움직인다. 그 경로를 어떻게 설계하고 통제하느냐에 따라 건물은 안전하고 쾌적한 삶의 공간이 되기도 하고, 반대로 위기를 품은 공간이 되기도 한다.

"좋은 건축은 기술과 자연 사이의 협상이다."

— 톰 메인(Thom Mayne)

피부처럼, 두 겹의 벽처럼: 커튼월과 더블스킨 구조

초고층 건물을 올려다보면 가장 먼저 눈에 들어오는 것은 단연 외벽이다. 유리처럼 투명하게 반짝이기도 하고, 금속처럼 단단하고 날카로워 보이기도 하는 표면은 단순한 장식 이상의 기능과 기술을 품고 있다.

건물에게도 피부는 필요하다. 마치 사람의 피부가 외부의 자극으로부터 우리 몸을 보호하고, 체온을 유지하며 내부 환경을 안정적으로 조절해 주는 것처럼 건물 역시 바람, 비, 햇빛, 외부 온도 변화로부터 실내 공간을 보호할 수 있는 막이 필요하다. 그 역할을 담당하는 것이 바로 커튼월Curtain Wall이다. 커튼월은 구조적으로 건물의 무게를 지탱하지는 않지만, 외부의 물리적 요소를 차단하며 실내를 쾌적하게 유지하는 일종의 외피다.

과거의 건축에서는 석재나 콘크리트로 외벽을 두껍게 쌓아 올렸지만 건물이 높아질수록 무게가 구조적인 부담으로 돌아왔다. 초고층으로 올라가는 순간, 더 이상 무거운 벽체는 답이 될 수 없었다. 그 해답이 된 것이 바로 금속 프레임과 유리 패널로 이루어진 커튼월 시스템이었다. 이 시스템은 가볍고도 견고하며, 동시에 자연광을 실내로 끌어들이는 투명성과 에너지 효율을 갖추었다. 그리고 시간이 흐르면서 더 진화된 형태로 발전하는데, 바로 더블스킨Double Skin 구조다.

중국 상하이 타워는 외벽 전체를 두 겹의 유리로 감싸는 더블스킨 구조를 선택했다. 바깥쪽 유리와 안쪽 유리 사이에는 마치 거대한 중정

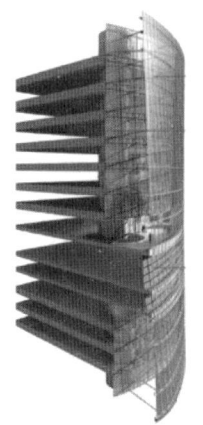

상하이 타워의 더블스킨 구조

처럼 보이는 환기층이 존재하며, 이 공간은 공기가 흐르는 틈 이상의 기능을 가진다. 마치 건물 전체를 둘러싼 거대한 '공기 쿠션'처럼 작동하며, 실내외 기후를 조절하고 에너지 손실을 최소화하는 역할을 한다.

여름철에는 이 공간을 통해 더운 공기가 자연스럽게 위로 배출되고, 겨울철에는 이중 유리가 내부의 열을 효과적으로 붙잡아 실내 온도를 안정적으로 유지한다. 마치 사람의 피부가 상황에 따라 모공을 열고 닫으며 체온을 조절하는 것처럼, 상하이 타워의 이중 외벽 역시 건물의 호흡을 섬세하게 조율한다.

이 구조는 일반적인 온도 조절에만 그치지 않는다. 외부의 소음을 효과적으로 차단하고, 유리의 가시광선 투과율과 반사율을 정밀하게 조정해서 실내로 들어오는 자연광은 충분히 확보하면서도 불쾌한 눈부심은 현저히 줄인다. 덕분에 실내는 밝지만 부드러운 빛으로 채워지고, 햇살은 더욱 균형 있게 공간 전반에 분산된다. 결국 이런 기술적인 선택은 기능적 장치를 넘어서 건축의 형태 그 자체로 드러난다. 건축에서 기술은 보이지 않는 부속물이 아니라 형태와 미학 속에 자연스럽게 스며드는 언어인 셈이다.

상하이 타워의 외벽은 직선이 아닌 부드러운 곡선 형태로 설계되었는데, 단순히 심미적인 이유로 선택된 것은 아니다. 곡선 유리는 바람의 흐름을 자연스럽게 유도해, 강한 풍압이 건물 표면에 직접 부딪히는 것을 막아 준다. 그 결과, 풍하중은 약 24퍼센트나 감소했고, 이는 구조용 강재의 사용량을 크게 줄이는 효과로 이어졌다. 단지 형태를 바꿨을 뿐인데 건물 전체의 구조 효율이 높아지고 공사 비용은 무려 5,800만 달러나 절감되었다. 여기서 우리는 명확하게 확인할 수 있다. 디자인은 곧 구조였고, 구조는 곧 경제였다.

상하이 타워는 외벽 유리에도 고성능 Low-E 유리를 적용했다. 이 유리는 태양광은 효과적으로 받아들이면서도 열은 효율적으로 차단한다. 동시에 유리의 반사율은 15퍼센트 미만으로 조정되어 도심 속에서 불쾌한 눈부심을 최소화했다. 이렇게 낮은 반사율은 미관상의 문제를 넘어서 주변 도시 환경과의 시각적 조화를 고려한 결과다.

게다가 상하이 타워의 가장 인상적인 특징 중 하나는 층마다 배치된 아트리움Atrium 공간이다. 이 아트리움은 일반적인 공용 공간이 아니라 내부 공기의 흐름을 조절하고 냉난방 부하를 획기적으로 줄이는 역할을 한다. 자연 환기와 태양광 활용, 열 보존이 동시에 이루어지며,

그 결과는 탄소 배출량 감소와 운영비 절감으로 직결된다.

상하이 타워의 더블스킨 구조는 에너지 효율과 기후 조절뿐만 아니라 유지보수 측면에서도 큰 이점을 제공한다. 두 겹으로 구성된 외벽 덕분에 청소와 유지보수를 보다 안전하고 효율적으로 진행할 수 있으며, 커튼월 시스템 내부에는 뒤에서 자세히 살펴볼 BMU^{Building Maintenance Unit}가 별도로 설치되어 있어 작업 동선이 최적화되고 위험 요소는 최소화되었다.

이제 커튼월과 더블스킨 구조는 일반적인 외장 디자인의 선택지를 넘어섰다. 그것은 초고층 건축에서 더 이상 옵션이 아닌 생존의 조건이 되었다. 건물 외관을 감싸는 유리는 건물의 두 번째 피부이며, 내부와 외부를 이어 주는 막이자 기술과 환경, 에너지와 삶을 연결하는 구조적 인터페이스다.

결국 건물도 몸이다. 내부 공간을 숨 쉬게 하고, 외부 환경으로부터 안전하게 지키며, 빛과 온도를 조율해 쾌적한 환경을 유지하는 거대한 생명체. 초고층이라는 시대적 도전 앞에서 이제 우리는 단순히 '어떻게 더 높게 지을 것인가'를 고민하는 것이 아니라, 그보다 더 근본적인 질문인 '어떻게 이 거대한 구조물이 건강하게 숨 쉬며 지속 가능하게 존재할 수 있을 것인가'를 먼저 고민해야 한다.

"건축은 시를 담은 쉼터를 만드는 일이다."
― 렌조 피아노

하늘 위를 걷다: 스카이브릿지

일반적으로 다리는 땅 위에 설치한다. 하지만 초고층 도시에서는 다리가 더 이상 땅에만 머물지 않는다. 건물과 건물을 하늘에서 연결하는 스카이브릿지Skybridge는 사람들의 이동을 위한 통로를 넘어 이제는 구조적 기능과 상징성을 모두 담아내는 도시의 새로운 연결 장치가 되었다.

스카이브릿지는 단순한 부속물이 아니다. 그것은 마치 사람의 관절처럼 서로 고립된 구조물을 유기적으로 이어 주고, 동시에 구조적 유연성과 건축적 생존 가능성을 함께 확보하는 일종의 생명의 연장선이다.

사실 이 개념은 결코 낯선 것이 아니다. 이미 1600년대 베니스에도 스카이브릿지의 원형이라고 할 수 있는 건축물이 존재했다. 바로 탄식의 다리Bridge of Sighs다. 이 다리는 죄수들이 재판을 받고 감옥으로 끌려가는 길목에 놓여 있었고, 이들이 이 좁은 통로에서 마지막으로 베니스의 아름다운 하늘과 운하를 바라보며 한숨을 내쉬었다는 데서 붙여

다양한 스카이브릿지

진 이름이다.

'탄식의 다리'는 단지 기능적 통로만이 아니었다. 물리적 경로이자 심리적 경계선이었고, 닫힌 공간과 열린 공간, 자유와 속박, 일상과 비일상을 가르는 상징적인 건축 요소였다. 그리고 오늘날의 스카이브릿지 역시 구조적 의미와 상징적 기능이 겹쳐진 존재다.

현대 도시에서 스카이브릿지는 상징을 넘어서 훨씬 더 실용적인 이유로 등장했다. 1921년 미국 시카고의 리글리 빌딩은 최초로 고층 빌딩 사이에 스카이브릿지를 설치한 사례로 기록되었다. 이때부터 스카이브릿지는 이동 통로 이상의 의미를 갖기 시작했고, 도시는 수평에서 수직으로 확장되며 입체적으로 연결되는 새로운 공간 전략을 갖추었다.

그런데 스카이브릿지가 진정한 변곡점을 맞이한 것은 1998년 말레이시아 쿠알라룸푸르에 완공된 페트로나스 트윈 타워였다. 이 건물의 41층과 42층 사이에 설치된 스카이브릿지는 단순히 두 타워를 연결하는 통로가 아니다. 긴급 상황에서 한쪽 타워에 문제가 생기면 다른 타워로 대피할 수 있도록 설계된 일종의 재난 대피 경로 역할까지 수행한다.

특히 흥미로운 것은 이 다리가 두 건물에 완전히 고정되어 있지 않다는 점이다. 대신 브릿지는 마치 공중에 떠 있는 듯이 두 타워 사이에 부유하는 방식으로 설계되었다. 그 이유는 간단하다. 지진이나 강풍 같은 외부 하중이 발생하면 초고층 건물은 각기 다른 방향과 속도로 흔들리기

마련인데, 만약 스카이브릿지가 두 건물에 단단히 고정되어 있다면 서로의 진동이 충돌해 구조적 위험을 초래할 수 있기 때문이다.

따라서 스카이브릿지는 두 타워의 움직임을 독립적으로 허용하면서도 동시에 유연하게 연결된다. 마치 사람이 걷는 동안 무릎 관절이 자연스럽게 중심을 바꾸며 균형을 유지하는 것처럼 스카이브릿지는 초고층 건물 사이의 '구조적 관절'로 기능한다.

또 다른 대표적인 사례는 싱가포르의 마리나 베이 샌즈다. 이 건물은 타워 두 개가 아니라 무려 세 개를 하나로 묶는 구조로 설계되었다. 그 위에 설치된 스카이브릿지는 일반적인 연결 통로의 개념을 완전히 뛰어넘어, 길이만 340미터에 달하는 하나의 거대한 하늘정원이다.

세계에서 가장 긴 스카이브릿지 중 하나인 이 공간 위에는 야외 수영장과 공원, 전망대, 레스토랑이 자리하고 있다. 사람들은 이곳에서 이동하는 데 그치지 않고 하늘 위에서 수영을 하고, 공원을 거닐고, 도시 전경을 바라보며 식사를 즐긴다. 말 그대로 건물 그 자체가 하나의 '수직 리조트 도시'로 확장된 셈이다.

스카이브릿지의 존재는 도시의 동선 자체를 근본적으로 변화시킨다. 더 이상 사람들은 땅에서만 이동하지 않는다. 이제는 하늘을 걷는 시대가 열린 것이다. 하지만 이것은 기술의 진보만을 의미하지 않는다. 도시 공간의 개념이 기존의 수평적 확장에서 수직으로 확장되고, 다시 수직과 수평이 입체적으로 결합되는 새로운 패러다임으로 진화하고 있다는 신호다.

최근에는 엘리베이터 기술의 발전과 함께 '멀티 시스템'이 등장하면서, 스카이브릿지는 더 이상 단순한 연결 통로가 아닌 미래 도시 교통의 허브가 될 가능성을 품고 있다. 멀티 시스템은 자기부상 방식으로 작동하며, 엘리베이터가 수직뿐만 아니라 수평으로도 움직일 수 있게 만든 기술이다. 이런 기술과 스카이브릿지가 결합되면, 도시의 이동 동선은 전혀 다른 방식으로 재편될 수 있다.

무엇보다 스카이브릿지는 일반적인 공간의 연결을 넘어 안전이라는 측면에서 매우 중요한 역할을 수행한다. 화재나 지진 같은 재난 상황에서 한 건물 내부의 대피 경로가 차단될 경우, 스카이브릿지는 반대편 건물로 탈출할 수 있는 '생명의 다리'가 된다. 2001년 9월 11일, 월드 트레이드 센터 붕괴 이후 스카이브릿지의 부재가 큰 아쉬움으로 남았고, 그 사건은 이후 초고층 쌍둥이 건축물에서 스카이브릿지를 포함한 설계가 적극적으로 검토되는 계기가 되었다.

결국 '도시를 가로지르는 숨겨진 통로', 스카이브릿지의 존재는 이제 선택지가 아니라 생존과 안전을 위한 필수 요소로 인식되기 시작했다. 그렇기에 설계 측면에서도 스카이브릿지는 결코 단순하지 않다. 두 건물이 각각 다른 진동을 가지고 움직이는 상황에서, 바람의 압력이나 지진 같은 외부 하중에 유연하게 대응해야 한다. 이를 위해 스카이브릿지는 슬라이딩 베어링, 현수 구조, 혹은 피벗 연결 구조 같은 고도의 엔지니어링 기술을 적용하며, 단지 연결하는 것이 아닌 동적 균형을 이루는 정밀한 구조물로 설계된다.

게다가 스카이브릿지는 물리적 구조물만으로 완성되지 않는다. 각기 다른 건물 소유주 간의 법적 책임 분담, 유지보수 방식, 관리 권한에 대한 합의 역시 반드시 선행되어야 한다. 두 건물이 철과 콘크리트로만 연결되는 것이 아니라 법적이고 행정적인 테두리 안에서도 긴밀히 결합되어야 한다는 의미다. 이런 점에서 스카이브릿지는 물리적 연결을 넘어서 법적, 사회적, 심리적 요소까지 아우르는 복합적인 도시 인프라로 작동한다.

분명한 것은 미래의 도시는 더 많은 스카이브릿지를 갖게 될 것이라는 점이다. 스카이브릿지는 때로는 상업 공간이 되고, 도심 속 하늘정원이 되며, 재난 대피로이자 심지어 도시 대중교통의 일부가 될 것이다. 어쩌면 머지않은 미래에는 더 이상 지상보다 하늘에서 걷는 것이 훨씬 더 자연스럽게 느껴지는 시대가 도래할지도 모른다.

이제 스카이브릿지는 단순히 건물과 건물을 잇는 다리가 아니다. 도시의 시간과 공간, 생명과 기능, 그리고 사람과 사람을 유연하게 연결하는 거대한 상징이다. 우리는 지금, 하늘 위에서 연결되는 새로운 도시를 향해 걷고 있다.

> "도시는 단지 공간 속의 장소가 아니다.
> 시간 속에서 펼쳐지는 드라마다."
> ― 케빈 린치(Kevin Lynch)

하늘 위의 손: 창 닦는 기술 BMU

사람의 얼굴에 먼지가 쌓이면 시야가 흐려지고 빛이 바래진다. 건물도 다르지 않다. 유리로 둘러싸인 초고층 건물은 그 자체로 하나의 거대한 얼굴이며, 이 거대한 얼굴이 항상 깨끗하게 빛나기 위해서는 하늘 끝까지 닿은 유리창을 닦아줄 '손'이 필요하다. 그 손이 바로 BMU^{Building Maintenance Unit, 건물 유지관리 장치}다.

초고층 건물의 창문을 닦는다는 것은 일반적인 청소의 영역을 훨씬 넘어선다. 수십 층 때로는 백 층이 넘는 높이에서 바람을 가르며 외벽을 오가는 작업은 강풍, 기압 차, 일기 변화 같은 물리적 위험과 맞서는 일이며, 작은 실수도 곧 생명을 위협하는 치명적인 위험으로 이어질 수 있다. 그렇기에 BMU는 인간의 노동을 대신해 하늘 위를 오가는 기술의 손이자, 초고층 시대가 요구한 필수적 안전 장비다.

하지만 이런 기술이 처음부터 존재했던 것은 아니다. 19세기까지만 해도 사람들은 창문을 열고 직접 몸을 밖으로 내밀거나, 좁은 사다리를 타고 외벽을 청소했다. 당연히 추락 사고는 빈번했고, 1928년에 뉴욕에서는 창문 청소 노동자들이 거리로 나와 '안전벨트를 달아달라'고 외치며 시위를 벌였다. 안전은 언제나 기술보다 절실했다.

건물이 점점 더 높아지면서 초기에는 일반적인 장대형 청소 시스템이나 외벽 크레인 같은 원시적인 방식이 등장했지만, 오늘날 진정한 의미의 BMU는 그 이후에야 본격적으로 발전하기 시작했다. 그리고 BMU는 건축 형태와 기능, 유지관리 요구에 따라 점점 더 정교하게 진

BMU

화해 왔다.

가장 일반적인 형태는 바로 '지붕 설치형 BMU'다. 건물 옥상에 크레인처럼 설치된 이 장비는 긴 팔을 뻗듯 외벽을 따라 바구니를 내리고 올린다. 마치 사람의 손이 팔을 타고 부드럽게 내려오는 것처럼 BMU는 유리창을 따라 매끄럽게 움직이며 건물 외벽을 청소한다.

여기에 더해, 외벽 자체에 레일을 설치해 이동하는 형태인 '모노레일 BMU'도 있다. 특히 곡선이나 불규칙한 형태의 건물에서 유용하며, 건물의 윤곽선을 따라 유연하게 미끄러지는 이 시스템은 마치 건축물의 손끝처럼 정밀하게 작동한다.

상대적으로 단순한 형태인 '데이빗Davit 시스템'도 여전히 일부 건물에서 사용된다. 지붕 위에 설치된 소형 크레인에 줄을 매달아 작업자가 직접 하강하는 방식인데, 장비가 간단하고 설치 비용도 저렴하다는 장점이 있다. 하지만 초고층 건물에서는 바람과 높이에 따른 위험이 크기 때문에 점점 사용이 줄어들고 있다.

그리고 이제는 기술이 한 걸음 더 나아갔다. 사람 대신 인공지능과 로봇이 유리창을 닦는 '로봇 BMU'가 등장한 것이다. 물을 분사하고, 브러시로 문지르고, 팬으로 말리는 작업까지 전자동으로 수행하는 이 시스템은 더 높은 안전성과 더 나은 효율성을 동시에 갖춘 미래형 유지관리 장치로 주목받고 있다.

하지만 아무리 기술이 발전한다 해도 결국 가장 중요한 것은 언제나 '안전'이다. BMU는 단지 작업 효율을 높이는 장비가 아니라 수백 미터 상공에서 작업하는 사람의 생명을 지키는 장치다. 이를 위해 BMU는 낙하 방지 시스템, 추락 방지 시스템, 이중 브레이크 시스템, 강풍 감지 시 자동 정지 기능 등 수많은 안전 장치가 탑재되어 있다. 사람의 생명을 다루는 기술이기에 안전 점검은 선택이 아닌 필수다. 현장 점검은 매일, 정기 검사는 매년 이루어져야 하며, 5년마다 구조물의 전체 상태를 확인하는 상세 점검이 반드시 시행된다.

결국 창문은 단지 바깥을 내다보는 틀에 그치지 않는다. 도시와 인간을 이어 주는 투명한 막이며 건물의 얼굴이다. 초고층의 유리창을 깨끗하게 유지하는 기술이 바로 도시의 얼굴을 지키는 기술이다. 이 작은 창이 맑고 깨끗해야 비로소 우리는 도시의 진짜 모습을 볼 수 있다.

앞으로 BMU는 더 스마트해질 것이다. 인공지능은 날씨와 바람의 패턴을 실시간으로 분석하고, 각종 센서는 장비의 상태를 즉각적으로 감지하며, 필요할 때만 자동으로 작동하는 시스템으로 진화하고 있다. 여기에 더해, 세척용 물은 빗물 재활용 시스템으로 공급되고, 전기는 태양광 발전으로 충당하는 방식까지 도입되면서, 이제는 사람 없이도 건물이 스스로 외벽을 관리하고 청소하는 시대가 점점 현실로 다가오고 있다.

하지만 우리는 잊지 말아야 한다. 초고층 건물이 위대한 것은 단지 그 높이 때문만은 아니다. 건물 위에서 위험을 무릅쓰고 일하는 사람들, 그 위험을 줄이기 위해 끊임없이 기술을 고민하고 개발한 사람들, 그리고 그 기술을 믿고 사용하는 수많은 이들의 노력과 신뢰가 쌓였기에 초고층 건물이 유지될 수 있고 비로소 도시는 깨끗하게 빛날 수 있다.

오늘 우리가 타고 있는 엘리베이터의 유리 벽면, 그리고 창밖으로 펼쳐진 도시의 스카이라인을 바라보자. 투명한 유리창 너머로 보이는 맑은 풍경은 결코 우연이 아니다. 그것은 보이지 않는 수많은 기술과 사람들의 손끝이 만들어 낸 결과이며, 그 손끝에는 언제나 묵묵히 도시를 지키는 BMU가 있다.

> "건축은 말로 설명되는 것이 아니다.
> 그것은 땀과 눈물로 이루어진다."
>
> ― 필립 존슨(Philip Johnson)

9장
마천루의 숨은 이야기

SKYSCRAPERS

우리는 초고층 건물을 올려다볼 때마다 다양한 감정을 마주한다. 거대한 규모에서 오는 압도감, 하늘을 찌를 듯한 위용, 기하학적 아름다움에 대한 감탄. 하지만 곧 질문이 이어진다. 저 건물을 세우는 데 얼마나 많은 비용이 들었을까. 공사는 몇 년이 걸렸고, 그 안에는 무엇이 들어섰을까. 그리고 이 모든 것을 가능하게 만든 사람은 누구일까.

초고층 건물은 눈에 보이는 외형만으로 결코 다 설명되지 않는다. 그 안에는 거대한 자본, 막대한 양의 자재와 기술, 수많은 사람의 손길이 겹겹이 쌓여 있다. 단순히 물리적인 요소만이 아니라 한 도시와 그 시대가 품었던 의지와 전략, 때로는 오만과 집착까지도 고스란히 담겨 있다.

그래서인지 우리가 당연하게 여겼던 건물 속에는 쉽게 눈에 띄지 않았던 수많은 이야기가 숨어 있다. 유리창 너머에는 누군가의 실패와 도전, 선택과 우연, 그리고 잊힌 진실이 조용히 자리하고 있다. 이 장에서는 바로 그 이야기를 들춰 보려고 한다. 높이의 경쟁 너머 설계도에도 그려지지 않았던 복잡한 인간의 사정들. 과연 그 이면에는 무엇이 있었을까?

설계자, 건축 양식, 예기치 못한 연결고리: 월드 트레이드 센터

한때 뉴욕의 하늘을 가르며 우뚝 서 있었던 두 개의 쌍둥이 건물, 월드 트레이드 센터. 높이 110층의 초고층 건물이지만 월드 트레이드 센터는 단순히 '높다'는 숫자로만 기억되는 존재가 아니었다.

그곳은 수많은 사람이 일하고, 만나고, 꿈을 꾸던 공간이었다. 뉴욕이라는 도시의 상징이었고 미국 경제의 심장부였다. 하지만 그 이름은 2001년 9월 11일, 전 세계를 충격에 빠뜨린 끔찍한 테러와 함께 각인되었다. 납치된 비행기 두 대가 차례로 건물에 충돌했고, 불길과 충격 속에서 이 거대한 쌍둥이 빌딩은 몇 시간 만에 붕괴되었다. 그 사건으로 수천 명이 목숨을 잃었고, 세계는 그 충격에서 오랫동안 헤어나오지 못했다.

비극의 여파 속에서 사람들은 건물의 구조적 한계, 보안 시스템, 재난 대응 체계를 되돌아보았다. 그 과정에서 한 인물의 이름이 다시 조용히 떠올랐다. 앞서 언급한 것처럼 이 건물을 설계한 일본계 미국인 건축가 야마사키 미노루였다. 그는 누구였고 어떤 생각으로 이 거대한 쌍둥이 빌딩을 설계했을까?

1912년에 일본에서 태어나 어린 시절 미국으로 이주한 야마사키 미노루는 가난한 이민자 가정에서 자라며 고학으로 건축을 공부했다. 엠파이어 스테이트 빌딩과 록펠러 센터를 설계한 유명 건축사무소에서 경력을 쌓았고, 마침내 1960년대에 월드 트레이드 센터라는 역사적인 프로젝트를 맡았다.

야마사키는 이 건물에 '세계를 하나로 연결하는 건축'이라는 자신의 철학을 담고자 했다. 하지만 그의 설계가 처음부터 모두에게 환영받은 것은 아니었다. '너무 거대하다', '비인간적이다', '차갑다'는 비판이 쏟아졌고, 도심의 맥락을 무시한 채 공간을 과도하게 집약했다는 지적도 따랐다. 그럼에도 그는 현대적 아름다움과 효율성, 상징성 사이의 균형을 끝내 구현해 냈다.

특히 그의 설계에서 눈에 띄는 요소가 있었다. 바로 월드 트레이드 센터의 입구에 적용된 아치형 디자인이었다. 뉴욕의 다른 마천루와 명확히 구분되는 이 형태는 어디선가 익숙한 인상을 남겼다. 사람들은 그 곡선이 이슬람 건축에서 자주 볼 수 있는 양식과 닮아 있음을 직감했다.

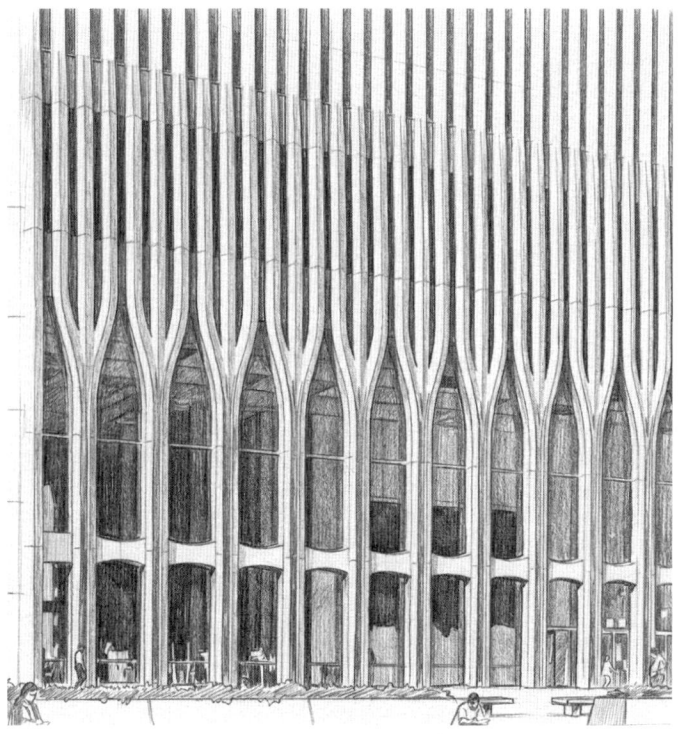

월드 트레이드 센터 입구의 아치형 디자인

그렇다면 왜 그는 뉴욕의 초고층 건물에 아랍 전통의 문양을 새겨 넣었을까. 실마리는 그가 사우디아라비아에서 수행했던 프로젝트 속에 있었다. 1960년대에 석유를 통해 막대한 부를 축적한 사우디아라비아 정부는 국가의 현대화를 위한 인프라 개발에 속도를 내고 있었고, 그 과정에서 야마사키에게 새로운 공항 설계를 의뢰했다. 그가 설계한 다란 공항Dhahran Airport은 아랍 전통 건축 문양과 현대적 기능을 절묘하게 결합한 디자인으로 평가받았다.

놀라운 점은 이 공항의 건설을 담당했던 회사가 바로 빈 라덴 그룹Bin Laden Group이라는 것이다. 사우디 왕실과 긴밀한 관계를 맺고 있던 이 회사의 창업자는 다름 아닌 오사마 빈 라덴의 아버지였다. 게다가 사우디아라비아 재무부 청사 역시 야마사키의 작품이었고, 이 건물의 시공 역시 빈 라덴 그룹이 맡았다. 결국 월드 트레이드 센터를 설계한 건축가와, 그 건물을 파괴한 테러리스트가 의도하지 않았지만 같은 건설 네트워크 안에 있었던 셈이다. 이 놀라운 교차는 단순히 우연이라고 하기에는 너무도 기이한 역사적 인연처럼 느껴진다.

야마사키는 아랍 문화에 깊은 관심을 가졌고, 그 전통적인 아름다움을 현대 건축 속에 녹여 내고자 했다. 하지만 그는 9.11 사건이 발생하기 15년 전인 1986년에 이미 세상을 떠났기에 자신이 설계한 건물이 어떤 운명을 맞이할지는 끝내 알지 못했다. 그의 건축과 한 시대의 비극은 그렇게 예상치 못한 방식으로 서로 얽히고 말았다.

그렇다면 월드 트레이드 센터는 왜 그렇게도 빠르게 무너졌을까.

당시 충돌한 항공기는 대형 여객기로, 탑재된 연료의 양이 상상을 초월할 정도로 많았다. 충돌과 동시에 연료가 폭발하며 건물 내부 곳곳에 불을 질렀고, 철골 구조물이 극도로 가열되었다. 결국 열에 약해진 중앙 코어 기둥과 외곽 보·기둥이 버티지 못하면서 상층부가 먼저 붕괴되기 시작했다. 무게를 지탱하던 구조가 순식간에 무너지면서 그 충격은 아래층으로 연쇄적으로 전달되었고, 도미노처럼 건물 전체가 연속으로 붕괴되었다.

더 충격적인 사실은 테러를 계획한 이들 중에 건축학을 전공한 인물이 포함되어 있었다는 점이다. 그는 건물의 구조적 특성과 약점을 누구보다 잘 이해하고 있었고, 어느 지점을 타격해야 전체 붕괴가 시작되는지를 알고 있었을 것이다. 무작위적인 파괴가 아니라 건축적 원리를 치밀하게 활용하여 구조적 붕괴를 노린 정밀한 공격이었다.

이 사건 이후 전 세계 초고층 건물 설계는 완전히 새로운 국면을 맞이했다. 화재에 견딜 수 있는 구조, 다중 피난 경로, 강화된 비상계단, 내화 성능이 극대화된 새로운 재료의 도입은 더 이상 선택이 아니라 필수가 되었다. 여기에 항공기 충돌이나 폭발 등 대규모 외부 충격을 견딜 수 있는 설계 기준까지 추가되면서, 초고층 건축은 단지 높이를 향한 도전이 아니라 생존과 안전이라는 새로운 패러다임 속으로 들어갔다.

야마사키 미노루는 '세계를 연결하겠다.'라는 이상으로 세계에서 가장 높은 건물 중 하나를 설계했지만, 역사는 그를 전혀 다른 방식으로 기억하게 만들었다. 그가 남긴 건물, 그 건물을 짓는 데 참여했던 수많은 사람들, 결국 그 건물을 무너뜨린 사람들까지 모두 한 시대의 아이러니 속에서 얽히고 교차했다.

그러나 이 이야기에서 진정으로 기억해야 할 것은 따로 있다. 그날 목숨을 잃은 수많은 사람의 이름, 그들이 남긴 삶의 흔적, 그 이후 우리가 배운 교훈이다. 월드 트레이드 센터는 이제 더 이상 일반적인 건축의 상징이 아니라 기억의 장소이며, 다시는 같은 비극이 반복되지 않기를 바라는 인류의 다짐이 새겨진 장소다.

> "건축은 그 시대와 장소를 말해야 하지만
> 동시에 영원함을 갈망해야 한다."
> ― 프랭크 게리

무너진 대리석, 다시 건축이 되다: 시카고 에이온 센터

시카고 도심 한복판, 초고층 스카이라인 속에 우뚝 선 에이온 센터는 지금도 변함없이 도시의 상징 중 하나로 자리하고 있다.

1973년 완공 당시에 이 건물은 시카고에서 가장 높은 마천루였고, 세계에서 가장 높은 대리석 마감 건물이기도 했다. 외벽 전체를 감싸고 있던 약 4만 3,000장의 이탈리아 카라라산 대리석은 순백색으로 고전적인 미감을 강조했다. 햇빛이 비추는 날이면 건물은 강하게 반사된 빛으로 마치 하나의 거대한 조각처럼 보였다. 그러나 우아했던 마

에이온 센터

감은 곧 예상치 못한 구조적 문제를 드러냈다.

1973년 12월 25일, 시카고의 평화로운 크리스마스 아침. 도심 한복판에서 갑작스럽게 거대한 충격음이 울려 퍼졌다. 에이온 센터 외벽의 대리석 패널 한 장이 떨어져 인근 푸르덴셜 센터의 지붕을 뚫고 낙하한 것이다. 문제의 대리석은 무려 160킬로그램에 달했다. 누군가 그 아래에 있었다면 결코 단순한 사고로 끝나지 않았을 것이다.

이 사건은 순식간에 도시 전역의 주목을 받았다. 정밀 점검 결과, 외벽 곳곳의 대리석 패널에는 휨과 균열이 발생했고, 시카고 특유의 강한 바람과 극심한 일교차가 반복적으로 작용하며 마감재는 팽창과 수축을 끊임없이 겪고 있었다. 긴급 대응으로 스테인리스 스트랩을 설치해 외장재를 고정했지만, 이 조치는 어디까지나 임시방편일 뿐 구조적 안정성을 보장하는 근본적인 해결책은 아니었다.

결국 에이온 센터는 1990년부터 약 2년에 걸쳐 대대적인 보수 공사에 들어갔다. 외벽을 덮고 있던 대리석 약 4만 3,000장이 전량 철거되었고, 그 자리는 보다 견고한 화강암으로 교체되었다. 이 공사에 투입된 비용은 약 8,000만 달러로, 현재 가치로 환산하면 1억 6천만 달러에 달하는데 이는 당시 신축 비용의 절반을 훌쩍 넘는 막대한 금액이었다. 하지만 이 과정에서 철거된 대리석은 단순히 폐기되지 않고, 오히려 또 다른 방식으로 도시의 일부로 남았다. 전체 대리석 중 약 3분의 2는 분쇄되어 인디애나주 휘팅Whiting에 위치한 아모코 정유소의 조경용 자재로 활용되었고, 약 6분의 1은 거버너스 주립대학교

Governors State University에 기증되어 캠퍼스 곳곳에 공공 예술 작품과 야외 시설물로 재탄생했다.

나머지 일부는 리갈로Regalo Inc.라는 장애인 지원 단체로 전달되어, 장애인 근로자의 손을 거쳐 시계, 펜홀더, 명함꽂이 같은 다양한 기념품으로 가공·제작되어 판매되었다. 결국 한때 시카고의 하늘에서 떨어졌던 대리석은 그저 버려진 자재가 아니라 또 다른 형태의 건축이자 일상으로 변주되어 여전히 도시 속에 존재하고 있다.

시간이 흐르면서 에이온 센터는 다시 한번 도시의 변화 속에서 새로운 도전을 준비하고 있다. 현재 소유주인 601W 컴퍼니스601W Companies는 에이온 센터의 전망대 프로젝트를 본격적으로 추진 중이며, 이를 위해 건물 외벽에 북미 최고 높이를 자랑하는 유리 엘리베이터를 설치하겠다는 계획을 발표했다.

이 엘리베이터는 초속 5미터 이상의 속도로 약 300미터 높이를 단 60초 이내에 수직으로 오를 수 있도록 설계되었고, 건물 북서쪽 외벽을 따라 철골 구조에 유리를 덧댄 형태로 시공될 예정이다. 탑승자는 투명한 엘리베이터 안에서 마치 도심 위를 수직으로 비상하는 듯한 시각적 경험을 하며, 발 아래 펼쳐진 시카고의 도시 풍경을 그대로 내려다볼 수 있다.

이 프로젝트의 설계는 시카고에 본사를 둔 건축사무소 솔로몬 코드웰 부엔즈Solomon Cordwell Buenz가 맡았다. 전망대를 추가하는 것을 넘어, 도심 속 초고층 공간을 어떻게 더 역동적이고 체험적으로 변화시킬 수 있는지를 고민한 결과물이다.

한때 대리석 낙하 사고로 초고층 건축 외장재의 안전성 문제를 전 세계에 일깨워 준 에이온 센터는, 이후 전면적인 보강과 구조적 재설계를 거치며 안정성을 확보했다. 이제는 과거의 기술적 실패를 넘어서는 것은 물론이고 나아가서 새로운 공간적 가치를 창출하는 초고층 건축의 미래 모델로 다시 주목받고 있다.

과거 에이온 센터는 '세계에서 가장 높은 대리석 건물'이라는 화려한 수식어로 기억되었지만 이제는 '세계에서 가장 비싼 외장 교체를 경험한 마천루'로 불리고 있으며, 머지않아 '북미에서 가장 높은 유리 엘리베이터를 가진 건물'이라는 새로운 타이틀까지 추가될 예정이다. 완공 이후 전망대 프로젝트는 연간 관광객 약 200만 명을 유치할 것으로 예상되며, 20년간 약 9억 달러 규모의 경제적 효과를 창출할 것으로 분석된다. 단순히 건축적 실험이 아니라 도시의 경제 구조와 관광 산업에도 실질적인 영향을 미치는 프로젝트다.

그러나 에이온 센터가 던지는 진짜 질문은 여전히 유효하다. 초고층 건축에서 외장재는 어떻게 선택해야 할까? 이는 미학이나 상징성의 문제가 아니라 안전, 유지관리, 기후 대응 능력까지 포함하는 총체적 설계 판단이어야 한다. 결국 이 건물의 역사는 우리에게 이렇게 묻고 있다. '초고층 건축이란 무엇인가?' '높이를 향한 욕망만으로 가능한 것인가, 아니면 그 높이를 지탱하는 수많은 보이지 않는 결정과 끊임없는 기술적 선택의 결과인가?'

> "실패는 끝이 아니다.
> 그것은 더 현명하게 다시 시작할 기회다."
>
> ─ 헨리 포드

세계에서 가장 높은 빌딩: 부르즈 칼리파

부르즈 칼리파는 인간이 만든 가장 높은 건축물이다. 그리고 이 건물은 처음부터 단 하나의 목표를 가지고 있었다. 바로 '세계 1위'라는 타이틀이었다.

처음 계획은 단순했다. 높이 700미터 이상. 그 정도면 충분히 압도적인 초고층이었다. 하지만 문제는 세계가 결코 가만히 있지 않는다는 사실이었다. 공사가 한창이던 그 시점에 같은 두바이에서 또 다른 괴물 같은 계획이 등장한다. 200층, 높이 1,410미터의 나킬 타워The Nakheel Tower. 만약 이 건물이 현실화된다면 부르즈 칼리파는 단 한 번도 '세계 최고'가 되지 못한 채 역사 속으로 사라질지도 모르는 상황이었다.

그래서 그들은 결단을 내렸다. 높이를 정하지 않은 채 공사에 들어간 것이다. 얼마나 높아질지는 오로지 상황을 보면서 실시간으로 결정하기로 했다. 구조는 어떻게 더 올릴 수 있을지를 계산했고, 필요할 때는 설계를 수정하며 끝까지 밀어붙였다. 하늘을 향한 건축은 어느새 기술이 아니라 전략이 되었다. 그리고 결국 나킬 타워는 세계 금융위기의 직격탄을 맞으며 계획이 무산되었다.

그제서야 부르즈 칼리파는 최종 카드를 꺼냈다. 꼭대기에 200미터 길이의 첨탑을 더하는 것. 이 첨탑은 일반적인 장식이 아니라 세계 최고라는 타이틀을 확정 짓는 결정적 장치였다. 그렇게 완성된 높이 828미터. 인류 역사상 가장 높은 건축물이 탄생했다. 이 기록은 결코 우연이 아니었다. 그들은 기다렸고, 상황을 조정했고, 경쟁자를 바라보며 절대 포기하지 않았다. 그 과정 자체가 높이의 경쟁이 얼마나 치열했는지를 명확히 보여 준다.

"초고층 빌딩이 완공될 때마다 경제 위기가 찾아온다."라는 말이 있다. 부르즈 칼리파도 이 공식을 피해가지 못했다. 원래 이 건물의 이름은 '부르즈 두바이$^{Burj\ Dubai}$'였다. 하지만 2010년 완공 직후, 두바이 정부는 심각한 재정 위기 때문에 공식적으로 모라토리엄을 선언했다. 도시 전체가 부동산 버블 붕괴의 여파로 흔들리고 있었던 것이다. 이 위기 속에서 두바이는 아부다비의 긴급 금융 지원으로 간신히 파산을 면했다. 그리고 그 지원의 대가는 건물의 이름이었다. 건물의 이름은 아부다비의 지도자인 셰이크 칼리파 빈 자예드 알 나하얀$^{Sheikh\ Khalifa\ bin\ Zayed\ Al\ Nahyan}$의 이름을 따서 '부르즈 칼리파$^{Burj\ Khalifa}$'로 공식 변경되었다. 이름 그 자체가 누가 이 도시를 살렸는지를 보여 주는 기록이 된 셈이다.

그렇다면 왜 초고층 빌딩과 경제 위기는 반복해서 연결되는 것일까? 초고층 빌딩 프로젝트는 대부분 막대한 자금이 필요한데, 주로 프로젝트 파이낸싱^{PF} 방식으로 조달된다. 문제는 공사 기간이 평균 5년에서 10년 이상으로 길어서 그 사이 금리 인상, 자금 시장의 불안정성, 글로벌 경제 상황 변화에 매우 취약하다는 점이다. 특히 대규모 초고층 프로젝트는 대부분 경기 과열 국면에서 착공이 시작하지만, 공사가 마무리될 즈음에는 경기 사이클이 하락 국면에 접어드는 경우가 많다. 그래서 초고층 빌딩은 시대의 경제 흐름과 투자 심리를 그대로 반영하는 '경제의 바로미터'로 불리기도 한다.

부르즈 칼리파 역시 세계에서 가장 높기만 한 건물이 아니다. 이 건물은 두바이의 부동산 가치를 단숨에 두 배 이상 끌어올렸고, 두바이라는 도시가 글로벌 금융과 관광의 허브로 도약하는 데 결정적인 상징이 되었다. 그리고 단지 상징성에만 머물지 않았다. 설계 측면에서도 두바이의 혹독한 기후와 도시적 맥락을 정교하게 반영한 전략이 적용되었다. 타지마할 앞의 연못이 타지마할의 위엄과 아름다움을 더욱 부각시키듯 부르즈 칼리파 앞에는 대형 인공호수가 조성되었고, 이는 단지 미관을 위한 요소가 아니라 주변 온도를 낮추고 대기 중의 먼지와 열기를 제어하는 환경적 장치로 작동한다.

가까이에서 올려다보면 오히려 그 규모가 잘 실감나지 않지만, 멀리 인공호수 너머에서 바라볼 때 비로소 건물의 압도적인 높이가 극적으로 드러나도록 설계한 것이다. 호수 건너편에 부르즈 칼리파 포토 존이 있다. 여기에 두바이의 더운 기후와 낮보다 활발한 야간 활동 패턴을 고려해, 레이저 쇼와 외벽 조명을 적극적으로 활용하며 야경의 인상을 극대화했다. '세계 최고 높이'라는 기록에 머무는 것이 아니라 도시의 랜드마크로서 시각적 상징성을 강화하기 위한 치밀한 전략이었다.

앞서 언급했듯이 세계 최고라는 타이틀은 영원하지 않다. 기술은 계속 진화하고, 인간의 도전은 끝이 없다. 그렇다면 다음 초고층 빌딩은 어디서, 어떤 모습으로, 얼마나 더 높이 하늘을 향해 오르게 될까? 현재 사우디아라비아에서 건설 중인 제다 타워는 인류 최초로 1,000미터를 돌파하는 건축물을 목표로 하고 있지만 반복된 자금난과 공사 중단으로 완공 시점은 여전히 불확실하다. 인간의 도전은 어디까지 가능할까? 그 끝은 여전히 미지수다.

> "마천루는 단순한 건물이 아니다.
> 그것은 선언이다."
> ― 렘 콜하스

공중에 떠 있는 마천루: 시티콥 센터

뉴욕의 스카이라인을 떠올리면 엠파이어 스테이트 빌딩, 크라이슬러 빌딩, 원 월드 트레이드 센터처럼 잘 알려진 건물이 먼저 떠오른다. 하지만 그 사이, 조금 다른 방식으로 주목할 만한 건물이 하나 있다.

맨해튼 미드타운, 렉싱턴 애비뉴 601번지. 이곳에 위치한 시티콥 센터는 일반적인 초고층 건물이 아니라 도시의 공중권Air Rights 제도를 적극적으로 활용해 탄생한 구조적 실험의 결과물이다.

시티콥 센터

1970년대, 미국 금융업계는 급격히 성장 중이었다. 시티은행Citibank도 예외는 아니었다. 뉴욕 미드타운 중심부에 새로운 본사를 세우기 위해 시티은행은 59층 높이의 초고층 빌딩을 계획했다. 그런데 한 가지 문제가 있었다. 건축 부지의 한 모퉁이에 100년 넘게 자리를 지켜온 세인트 피터 루터교회St. Peter's Lutheran Church에서 철거를 거부했고, 이를 존중한 건축가들은 새로운 방식을 찾아야 했다.

건축가 휴 스터빈스Hugh Stubbins와 구조기술사 윌리엄 르메저William LeMessurier는 기존의 고층 빌딩 구조를 근본적으로 바꾸는 해법을 제안했다. 일반적으로 고층 건물은 네 모서리에 기둥을 두어 하중을 분산하지만, 시티콥 센터는 네 모서리를 비워 두고 각 변의 중앙에 기둥을 배치했다. 이 방식으로 교회를 보존한 채 그 위로 59층 건물을 띄울 수 있었다. 이 구조를 가능하게 만든 것은 V자 철골 브레이스였다. 건물의 하중은 V자 트러스와 중앙 기둥 4개를 통해 분산되었고, 교회가 원래 자리에 남아 있는 상태에서 건물은 공중에 떠 있는 듯한 형태를 갖추었다.

시티콥 센터는 초고층 건물의 흔들림을 줄이기 위해 대형 제진댐퍼Tuned Mass Damper, TMD를 설치했다. 300톤에 달하는 콘크리트 블록이 진동을 상쇄하도록 설계되었고, 이는 초고층 구조의 안정성을 높이는 핵심 기술이었다. 하지만 이 혁신적인 구조는 예기치 못한 위험 요소를 안고 있었다. 1978년, 건물이 완공된 지 1년 후에 건축학을 전공하던 대학생 다이앤 하틀리가 윌리엄 르메저에게 전화를 걸어왔다. 하틀리

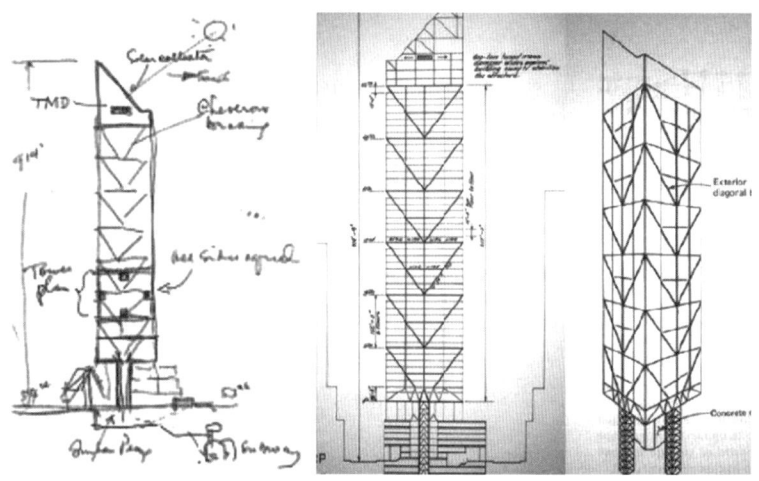

르메저의 시티콥 센터 스케치
(출처: Citicorp Center Presentation, faculty.arch.tamu.edu)

는 논문을 작성하던 중에 시티콥 센터의 구조가 모서리에서 부는 바람에 취약할 수 있다는 사실을 발견했다.

르메저는 처음에는 믿지 않았지만 다이앤 하틀리의 계산을 검토하면서 문제의 심각성을 깨달았다. 건물의 기둥이 모서리가 아닌 중앙에 배치되어 있었고, 주요 연결 부위는 용접이 아닌 볼트로 고정되어 있었다. 게다가 정전으로 제진댐퍼가 작동하지 않을 경우, 예상보다 약한 강풍에도 붕괴 위험이 있다는 사실이 드러났다. 르메저는 즉시 긴급 회의를 소집해서 건물 보강 공사를 결정했다. 작업은 외부에 알려지지 않도록 철저히 비밀리에 주로 밤 시간에 진행되었고, 혹시 모를 사태에 대비해 뉴욕 경찰과 적십자에서 대피 계획까지 준비했다. 공교롭게도 당시 뉴욕의 주요 신문사들이 파업 중이었기에 이 사실은 일반대중에게 거의 알려지지 않았다. 다행히 보강 공사가 완료될 때까지 큰 폭풍이 불지 않았고, 대규모 참사는 피할 수 있었다.

시티콥 센터는 뉴욕의 공중권 거래의 대표적인 사례로도 잘 알려져 있다. 뉴욕에서는 토지의 공중 공간을 법적으로 사고팔 수 있는데, 이를 통해 상대적으로 작은 건물의 공중권을 매입해 더 높은 빌딩을 지을 수 있다. 시티콥 센터 역시 이 제도를 적극 활용해 기존의 용적률 규제를 넘어서는 초고층 건물을 완성할 수 있었다.

이 건물은 세계에서 가장 높은 건물은 아니었지만, 구조적 실험성과 위기 대응 과정은 초고층 건축의 역사 속에서 매우 중요한 교훈으로 남았다. 완벽한 건물은 존재하지 않는다. 하지만 결함을 발견했을 때 이를 외면하지 않고 즉각적으로 인지하고 해결하기 위해 노력하는 태도야말로 건축가와 구조기술사가 지녀야 할 가장 중요한 덕목임을 이 사례는 분명하게 보여 준다.

> "건축은 결코 완벽할 수 없다.
> 그러나 좋은 건축은 문제를 발견하고 해결하는 능력에서 시작된다."
> — 노먼 포스터

건물보다 유명한 사진 한 장: 록펠러 센터

뉴욕에는 수많은 초고층 빌딩이 있다. 그중에서도 록펠러 센터는 뉴욕의 역사와 경제적 부흥의 상징이며, 무엇보다도 한 장의 사진으로

록펠러 센터

〈초고층 빌딩 위의 점심〉

전 세계에 더 널리 알려져 있다.

1932년 촬영된 〈초고층 빌딩 위의 점심Lunch atop a Skyscraper〉이라는 제목의 사진으로 안전 장치 하나 없이 강철 빔 위에 앉아 점심을 먹고 있는 건설 노동자 11명의 모습을 담았다. 그들의 발 아래는 맨해튼의 끝없이 펼쳐진 도심이 펼쳐져 있다. 이 사진은 단순한 기록을 넘어 초고층 건설 현장의 상징으로, 그리고 현대 산업화 시대를 대표하는 이미지로 남아 있다.

이 사진은 한국에서도 꽤 잘 알려져 있다. 2006년 12월 1일, SBS의 방송 프로그램 〈신동엽의 있다! 없다?〉에서 이 사진을 소개한 적이 있다. 당시 제작진은 건축구조기술사인 나에게 이 사진의 진위 여부를 판단해 달라고 의뢰했다. 평소에 늘 봐왔던 사진이기에 가짜라는 생각은 추호도 없었다. 그런데 갑자기 합성사진이 아니냐는 주장이 나왔고 방송에서 확인해 달라고 하니 나로서도 명확히 해야 했다.

화면 속 강철 빔의 치수나 구조 안정성만으로 판단할 수는 없었기에 1930년대 당시의 공사 방식, 안전 규정, 철골 시공의 실제 사례까지 종합적으로 검토해야 했다. 동시에 미국 측 공식 자료와 관련 기관에도 확인 요청을 보냈다. 며칠 뒤 도착한 답변은 분명했다. "이 사진은 합성이 아닌 실제 촬영된 사진이다." 1932년에 록펠러 센터 공사 현장에서 홍보용으로 촬영된 것으로, 사진 속 노동자들은 실제로 그 현장에서 일하던 강철공이 맞았다. 나는 이 결과를 인터뷰를 통해 제작진에 전달했고, 방송에도 공식적으로 소개되었다.

이 사진은 합성 이미지가 아니라 초고층 건설이라는 인류의 도전 속에서 실제로 존재했던 풍경이었다. 물론 오늘날의 안전 기준으로는 상상하기 어려운 일이지만, 당시의 건설 현장에서는 안전벨트 없이 수십 층 상공에서 작업하는 일이 일상이었다. 대체 왜 사람들은 위험을 무릅쓰고 하늘 위에 올랐을까. 그 질문의 답은 단순히 생계만이 아니라 초고층 건축이라는 인류의 도전과도 깊이 연결되어 있다.

록펠러 센터는 억만장자 존 D. 록펠러 주니어 John D. Rockefeller Jr.가 주도한 대규모 개발 프로젝트다. 1931년 착공 당시에 미국은 대공황이라는 경제적 혼란 속에 있었고, 원래 이 부지는 메트로폴리탄 오페라 하우스와 협력해 공연 예술 단지로 개발될 예정이었다. 그런데 오페라 하우스 측에서 극심한 경제 불황으로 계획을 철회했고, 결국 록펠러는 전적으로 자신의 자금을 투입해 이 프로젝트를 밀어붙이기로 결단했다. 그렇게 9년에 걸쳐 건물이 총 19개 세워졌고, 록펠러 센터는 뉴욕 중심부를 대표하는 상징적 랜드마크로 자리 잡았다.

그중에서도 GE 빌딩^{현재 30 록펠러 플라자}은 높이 259미터, 70층 규모로 록펠러 센터의 중심 건축물이다. 꼭대기 전망대 '톱 오브 더 록^{Top of the Rock}'은 지금도 많은 관광객이 찾는 명소다. 하지만 이 건물이 만들어지기까지 수많은 노동자의 헌신과 위험이 있었다. 그리고 그 현장을 상징적으로 담아낸 여러 장의 사진이 남았다. 참고로 이때 받은 여러 사진 중에는 철골빔에 누워 낮잠을 자는 모습, 철골빔에 매달려 웃는 모습 등 더욱 위험해 보이는 사진도 있었다. 철골 구조 아래에 일부 안전망이 설치되어 있었을 가능성도 있지만, 초고층 현장에서 별도의 안전장비 없이 작업하는 것은 당시로서는 흔한 일이었다. 실제로 록펠러 센터 건설 과정에서 노동자가 최소 5명이 사망했다는 기록이 남아 있다.

〈초고층 빌딩 위의 점심〉이라는 사진은 우연히 찍힌 기록이 아니다. 대공황이라는 암울한 시대 속에서도 뉴욕은 여전히 성장하고 있으며, 미국 경제는 견고하게 버티고 있다는 희망의 메시지를 전달하기 위한 연출된 사진이었다. 그리고 이 사진은 그 목표를 충분히 달성했다.

사진의 촬영자로는 다큐멘터리 사진작가 루이스 하인^{Lewis Hine}이 거론된다. 그는 이민자, 아동 노동자, 여성 노동자, 파업 현장 등 산업화 사회의 어두운 단면을 카메라에 담아낸 인물로, 사진을 통해 노동자의 열악한 근무 환경을 세상에 알리고자 했다.

록펠러 센터는 뉴욕의 수많은 마천루 중 하나이지만 그곳에서 찍힌 이 한 장의 사진은 도시의 역사 속에서 건축물보다 더 강렬한 상징이 되었다. 건설 현장의 기록을 넘어 뉴욕의 성장과 그 뒤에 있었던 수많은 노동자의 헌신과 희생을 지금도 기억하게 만든다.

> "도시는 결코 스스로 지어지지 않는다.
> 그것은 사람들의 손으로, 삶으로, 땀으로 쌓아 올려진다."
> ― 제인 제이콥스(Jane Jacobs)

초고층을 맨손으로 오르는 남자, 거미손 '알랭 로베르'

뉴욕을 배경으로 한 스파이더맨 영화에서 초고층 빌딩은 늘 주요 배경으로 등장한다. 그리고 현실에서도 안전 장비 없이 세계의 초고층 빌딩을 맨손으로 오르는 사람이 있다. 바로 프랑스 국적의 등반가 알랭 로베르Alain Robert다.

그는 '프랑스의 스파이더맨'이라는 별명으로 알려져 있으며, 때로는 도시의 법과 질서를 어지럽히는 '빌런'이라는 비난도 함께 받는다. 알랭 로베르는 줄이나 안전 장비 없이 건물 외벽을 기어오른다. 법적 허가 없이 등반하는 경우가 대부분이며, 올라가는 순간부터 그에게는 경찰, 소방, 보안요원의 추격이 따라붙는다. 하지만 그는 두려워하지 않는다. 오히려 그 위험 자체가 도전의 이유가 된다. 그의 목표는 늘

건물을 오르는 알랭 로베르
(출처: AP·연합뉴스)

단순하다.

'가장 높은 곳까지 올라간다.'

알랭 로베르가 선택하는 건물은 보통의 건축물이 아니다. 대부분 세계적인 초고층 랜드마크다. 828미터의 부르즈 칼리파, 88층의 말레이시아 페트로나스 트윈 타워, 뉴욕의 엠파이어 스테이트 빌딩, 홍콩의 센트럴 플라자, 그리고 서울의 롯데월드타워까지. 그는 전 세계의 초고층 빌딩 150개 이상을 맨손으로 등반해 왔다. 인간이 가진 공포 본능을 이겨내고 중력을 거스르는 그의 도전은 단순한 퍼포먼스를 넘어 인간 의지의 극한을 보여 준다.

그는 세계에서 가장 높은 건물인 부르즈 칼리파를 등반할 때만큼은 최소한의 안전장치를 사용했지만, 말레이시아 페트로나스 트윈 타워나 서울의 롯데월드타워 같은 다른 초고층 건물은 사전 허가 없이 맨손으로 올라갔다. 이 과정에서 경찰에 체포되거나 벌금을 부과받은 적도 여러 번이다. 빌딩 관리자 입장에서는 명백한 '위험한 침입자'이지만 대중의 시선은 조금 다르다. 그는 도시 법규를 어기는 범법자이면서도 동시에 '도전 정신의 상징'으로 여겨진다. 그리고 그가 선택한 건물은 대부분 그 도시의 랜드마크이자 '세계에서 가장 높은 건물'이라는 상징성을 가진 대상이라는 점에서 매우 의미심장하다.

그가 등반한 건물 중 하나인 페트로나스 타워 2는 삼성건설이 시공한 건물이기도 하다. 알랭 로베르는 세계초고층도시건축학회 컨퍼런스에 초청되어 이렇게 말했다. "커튼월 이음새가 일정하지 않아서 틈이 생겼고, 손을 걸기 좋았다." 이 발언만 놓고 보면 마치 시공상의 문제를 지적하는 것처럼 들릴 수 있다. 하지만 사실 이는 초고층 건물의 본질적인 특성에서 비롯된 자연스러운 현상이다.

앞서 설명했듯이 커튼월은 건물의 하중을 지탱하지 않고 외벽을 감싸는 비구조적 시스템이다. 초고층 건물은 바람, 온도 변화, 구조적 진동, 지반의 미세한 침하 등 다양한 외부 변수에 끊임없이 노출된다. 따라서 완벽히 일정한 외형을 유지하는 것이 사실상 불가능하다. 유리 패널과 금속 프레임 사이의 미세한 틈은 결함이 아니라, 초고층 건축이 외부 환경에 적응하며 기능하는 과정에서 필연적으로 생기는 구조적 여유다.

알랭 로베르를 단순히 건물을 오르는 등반가라고만 하기는 어렵다. 그는 오히려 초고층 건축물과 그 건물이 상징하는 도시, 그리고 그곳을 살아가는 사람들과의 관계를 자신의 몸으로 탐험하는 인물에 가깝다. 그는 말한다. "초고층 빌딩은 그 자체로 도전의 상징이며, 나는 그 도전을 통해 도시를 경험한다."

그가 선택하는 대상은 대부분 세계에서 가장 높은 건물이거나, 그 도시에 상징성을 부여하는 건물이다. 단지 '높기 때문에'가 아니라 높음이 담고 있는 사회적·문화적 의미 때문이다. 건물 관리자는 그를 불청객으로 여기고 반기지 않지만, 그의 등반은 역설적으로 건물의 홍보 효과로 이어진다. 대중은 긴장과 호기심으로 그 광경을 지켜보고, 언론은 그 장면을 전 세계로 송출한다.

그는 단지 침입자일까? 아니면 초고층 건물의 상징성을 다시 조명하게 만드는 특별한 존재일까? 이 질문에 명확한 답을 내리기는 어렵다. 하지만 한 가지 분명한 사실은 있다. 그가 오르는 순간, 그 건물은 다시 한번 세상의 이목을 집중시킨다. 알랭 로베르는 초고층 건축과 인간의 도전 정신이 만나는 경계에 서 있는 존재다. 그는 법과 질서의 경계를 넘나들면서도 인간이 왜 하늘을 향해 오르는지를 다시 묻게 만든다.

> "위험은 나의 적이 아니라 나의 친구다.
> 위험은 나를 깨어 있게 한다."
> ― 알랭 로베르

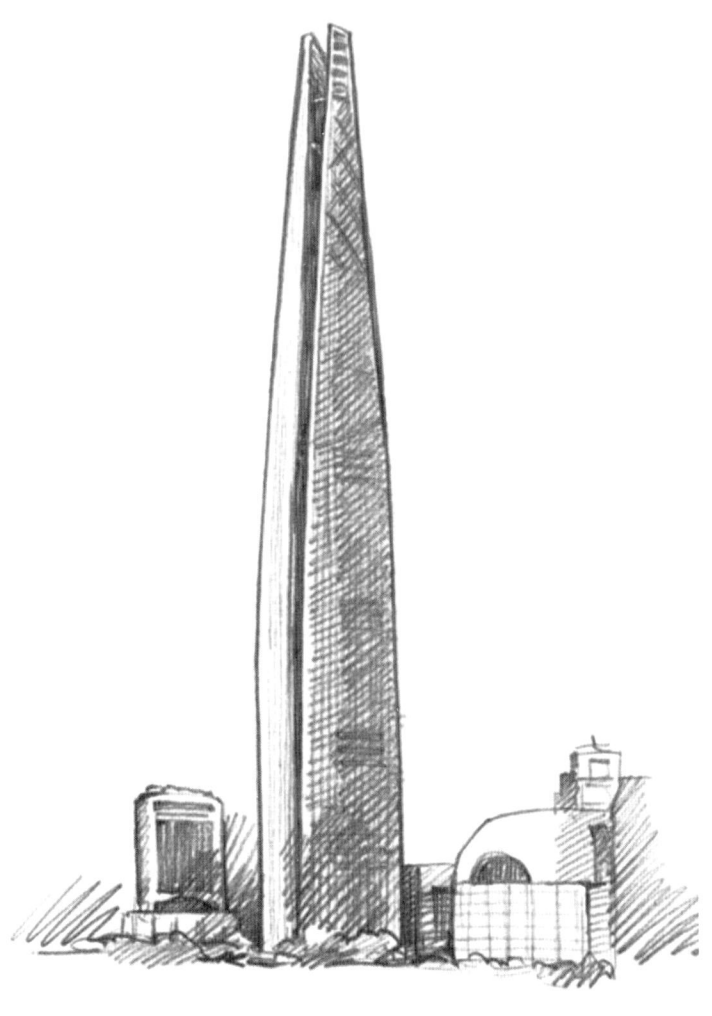

롯데월드타워
©HEENAL

수많은 디자인 변경 끝에 탄생하다: 롯데월드타워

서울의 스카이라인을 대표하는 롯데월드타워는 한국을 넘어 세계에서도 손꼽히는 초고층 건물이지만, 이 상징적인 건물의 탄생 과정은 결코 순탄하지 않았다. 높이 555미터, 123층에 이르는 이 건물은 1987년에 사업 부지 선정 이후 무려 30년이 넘는 기간에 20차례 이상 디자인이 변경되었고, 그 과정에서 건축 방향 역시 수차례 수정되었으며, 설계에만 약 3,000억 원이 투입되었다.

현재 우리가 알고 있는 롯데월드타워는 부드러운 곡선미를 강조한 세련된 형태를 갖추고 있지만, 초기 단계에서는 지금과는 전혀 다른 모습이었다. 1987년 사업 착수 당시의 초기 디자인은 파리의 에펠탑, 뉴욕의 엠파이어 스테이트 빌딩, 영국의 빅벤처럼 서구적이고 클래식한 '탑塔'의 형태를 강조했다. 이 디자인은 화려한 외관과 함께 세계 최고층 건물이라는 상징성을 극대화하려는 목적이 있었으며, 높이 그 자체가 곧 권위와 위상을 의미하는 시절의 흐름을 반영하고 있었다.

그러나 1990년대 이후 글로벌 건축 트렌드가 변화하기 시작했다. 단순히 높은 건물을 짓는 것만으로는 충분하지 않았고, 건축물에 지역성과 문화적 정체성을 담아야 한다는 요구가 강해졌다. 이런 흐름 속에서 '한국적 미美'를 담은 초고층 건축물에 대한 논의가 본격화되었고, 롯데월드타워 역시 수십 차례 디자인 변경을 거쳤다.

롯데월드타워의 초기 설계는 앞서 여러 번 언급했던 미국의 세계적인 건축설계사 SOM$^{Skidmore,\ Owings\ \&\ Merrill}$이 맡았다. 이 시기에 첨성

롯데월드타워 초기 디자인(다이아그리드 시스템)   현재 롯데월드타워 완공 모습

대에서 모티브를 얻은 디자인이 구상되었으며, 이는 당시 '한국적 정체성을 담은 세계 최고층 빌딩'이라는 목표와 맞닿아 있었다. 그런데 설계가 구체화될수록 현실적인 한계가 드러나기 시작했다. 첨성대에서 영감을 받아 하단은 사각형이고 상단으로 갈수록 원형에 가까워지는 입면 디자인은 저층에 사무실, 중층에 주거, 상층에 호텔을 배치하려는 내부 용도와 맞물리면서 구조적으로 매우 복잡한 문제를 낳았다. 이를 해결하기 위한 방안으로 외부 다이아그리드 구조 시스템이 도입되었으나, 초고층 건물에 적용하기에는 시공상 여러 제약이 있었고 공사비 또한 급격히 상승했다.

시공을 맡은 롯데건설의 기술경영진은 해외 사례를 직접 확인할 필요성을 느꼈고, 결국 나에게 요청이 와서 중국 광저우에서 공사 중이던 광저우 IFC와 광저우 타워 현장을 방문했다. 현장에서 만난 시공 담당자와 구조설계사 애럽^{ARUP}의 설명을 통해 SOM의 설계안이 초고층 시공에는 부적절하다는 점을 인지했다. 층마다 외벽 형태가 달라야 했기에 유리 커튼월의 일률적인 제작이 불가능했고, 이는 곧 공사비의 급등과 시공 현실성의 한계를 초래했다.

결국 첨성대 콘셉트는 무산되었고, 이후 설계를 이어받은 곳이 KPF$^{Kohn\ Pedersen\ Fox\ Associates}$였다. KPF는 보다 단순하면서도 시공 가능성이 높은 형태를 제안했고, 동시에 한국적 미감을 담아내고자 했다. 그렇게 탄생한 것이 지금의 위로 갈수록 좁아지는 부드러운 곡선 형태, 마치 '붓'을 연상시키는 실루엣이었다.

그러나 6년여에 걸친 공사 기간 동안 수많은 부정적 여론에 직면했다. 잠실 주변에 대규모 싱크홀이 발생했고, 석촌호수의 수위가 계속 줄어드는 사건이 이어졌다. 또한 철골 부재와 콘크리트 기둥의 균열 상황을 담은 감리 보고서가 외부로 유출되면서 언론의 집중적인 관심을 받았다. 결국 콘크리트 기둥의 균열 원인이 밝혀지면서 공법이 중간에 변경되었다. 한편 일부 시민들 사이에서는 '롯데타워가 무너질 경우를 대비해 반경 1킬로미터 안에는 들어가지 않는다'는 이야기가 돌 정도로 각종 가짜 뉴스가 퍼지기도 했다.

KPF 부사장인 제임스 본 클렘퍼러$^{James\ von\ Klemperer}$는 롯데월드타워의 구조적 안정성에 대해 이렇게 설명했다. "메가 칼럼은 크고 단단함니다. 심지어 비행기가 직접 충돌해도 건물의 원형은 유지될 수 있도록 설계되었습니다." 이 말은 9.11 테러 이후 초고층 빌딩 설계에 적용된 강화된 구조설계 기준을 충실히 반영하고 있다는 의미였다. 롯데월드타워는 현재 세계 최고 수준의 구조 안전성을 갖춘 초고층 건물로 평가받고 있다. 단지 높이 경쟁에만 집중한 건축물이 아니라 첨단 구조기술과 미적 가치, 도시 상징성을 모두 담아낸 결과물이다.

롯데그룹 창업주인 신격호 명예회장은 이 건물의 탄생 배경에서 매우 중요한 역할을 했다. 그는 늘 '언제까지 외국인 관광객에게 고궁만 보여 줄 것인가?'라는 문제의식을 갖고 있었다. 관광 산업이 외화 획득의 중요한 재원이 될 수 있다는 확고한 신념을 갖고 있었고, 대한민국을 대표할 수 있는 현대적 랜드마크가 반드시 필요하다고 강조했다.

그의 오랜 바람은 수십 년간 이어진 디자인 변경과 구조적 도전, 시공의 난관을 넘어 마침내 현실이 되었다. 롯데월드타워는 한국 초고층 건축 기술의 집약체이며, 서울의 스카이라인을 영구히 바꿔 놓은 상징적인 건축물이다. 이 건물은 결국 대한민국이라는 나라가 글로벌 도시로 성장해 가는 여정 속에 깊은 흔적을 남긴 하나의 기념비라고 할 수 있다.

> "완벽함은 도달하는 것이 아니라
> 끝없이 다듬는 과정 속에 존재한다."
> ― 레오나르도 다 빈치

다른 해석으로 달라진 디자인: 상하이 세계금융센터

상하이 푸둥 금융지구에는 중국의 경제력을 상징하는 초고층 건물이 모여 있다. 그중에서도 상하이 타워632미터, 진마오 타워420미터, 그리고 상하이 세계금융센터492미터는 푸둥 스카이라인을 대표하는 건축물이다.

상하이 세계금융센터는 1997년, 일본의 대형 부동산 개발회사인 모리 빌딩Mori Building Company이 상하이를 세계적인 금융 중심지로 성장시키겠다는 목표로 투자하며 시작된 프로젝트다. 설계는 미국의 건축설계회사 KPF가 맡았다.

초기 디자인에서 상단부는 원형의 거대한 구멍이 뚫린 형태였다. 이 디자인은 인근의 동방명주의 구형 구조와 조화를 이루도록 계획되었고, 중국 전통에서 하늘을 상징하는 '원圓'의 이미지를 담고 있었다. 단순히 미적인 요소를 넘어 푸둥 스카이라인을 하나로 연결하는 상징적 개념이자 도시의 조화를 시각적으로 표현한 설계였다. 그러나 이 원형 구멍 디자인은 발표 직후부터 곧바로 논란의 중심에 섰다.

중국 내에서는 '붉은 원과 흰 배경'이라는 이미지가 일본의 국기인 일장기를 연상시킨다는 비판이 제기되었다. 일본 기업이 소유한 건물의 꼭대기에 원형 구멍을 만든다면, '일본이 중국을 삼킨다'는 상징적 해석으로 읽힐 수 있다는 주장이 뒤따랐다.

역사적으로 일본의 침략을 경험했던 중국 사회에서는, 특히 반일 감정이 고조되던 당시의 분위기 속에서 이런 논란이 쉽게 가라앉지 않

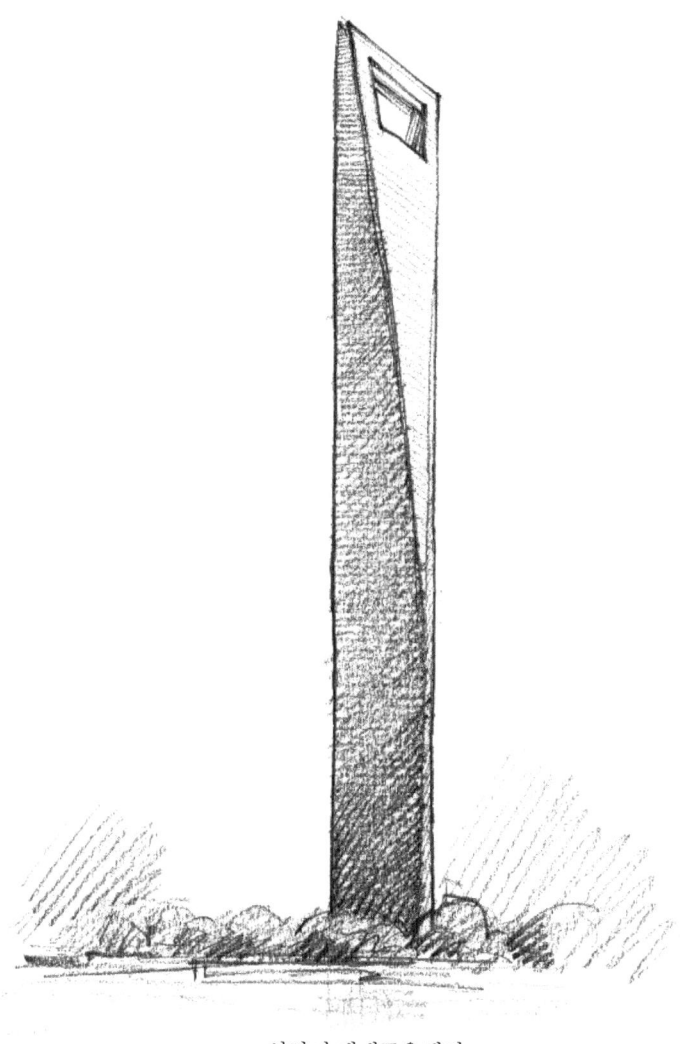

상하이 세계금융센터
ⒸHEENAL

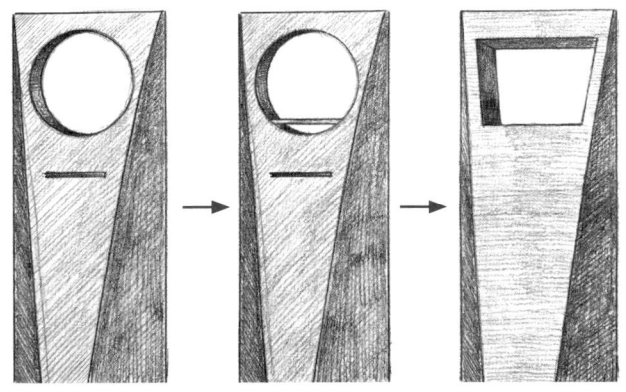

상하이 세계금융센터의 디자인 변경 과정

앉다. 결국 건축주는 원형 구멍 디자인을 포기하고, 마름모꼴 형태로 변경하기로 결정한다. 구멍의 기능 자체는 유지되었지만 원 대신 직선적인 형태로 바뀌면서 디자인은 원래의 상징적인 이미지를 내려놓았고, 그 결과 지금의 '병따개Bottle Opener'를 연상시키는 모습으로 완성되었다.

이 구멍은 일반적인 장식이 아니라 구조적으로 중요한 역할을 한다. 초고층 건물은 강풍의 영향을 크게 받기 때문에 상단부에 구멍을 만들어 공기의 흐름을 조절하면 풍압을 효과적으로 분산시킬 수 있다. 이는 구조적 안정성을 높이는 매우 실질적인 설계 전략이다. 원형 대신 마름모꼴을 선택한 것은 정치적·역사적 상황을 고려한 디자인 조정이었지만, 구조적 측면에서는 결코 포기할 수 없는 요소였던 것이다.

2008년에 상하이 세계금융센터가 완공되었을 때, 초기의 논란은 어느 정도 사그라들었고 이 건물은 상하이의 랜드마크 중 하나로 자리 잡았다. 동방명주, 진마오 타워, 상하이 타워와 함께 푸둥의 마천루 군집을 이루며, 중국의 경제적 성장과 도시의 상징성을 함께 담은 건축물로 인정받고 있다.

상하이 세계금융센터의 디자인 변경 과정은 초고층 건물이 단순한 건축물이 아님을 분명히 보여 준다. 그것은 국가적 역사, 정치적 맥락, 문화적 감정까지 반영하는 복합적인 상징체다. 결국 초고층의 형태는 기술의 결과물이지만 최종 모습은 언제나 시대와 사회의 맥락 속에서 결정된다.

"어떤 형태든 결국 그 형태는 시대정신과 타협한 결과다."
― 렘 콜하스

큰 바지 건물: 중국 CCTV 본사

베이징 중심상업지구[CBD] 한복판. 하늘을 향해 곧게 뻗어 올라가는 다른 마천루 사이로 단번에 시선을 사로잡는 독특한 형태의 건물이 있다. 바로 중국 중앙방송국 CCTV 본사다. 이 건물은 타워 2개가 서로 비스듬히 기울어진 상태로 올라가다 상부에서 연결된 구조로 되어 있다. 마치 대형 루프처럼 꺾여 있는 형태는 세계 어디서도 쉽게 찾아볼 수 없는 독특한 실루엣이다.

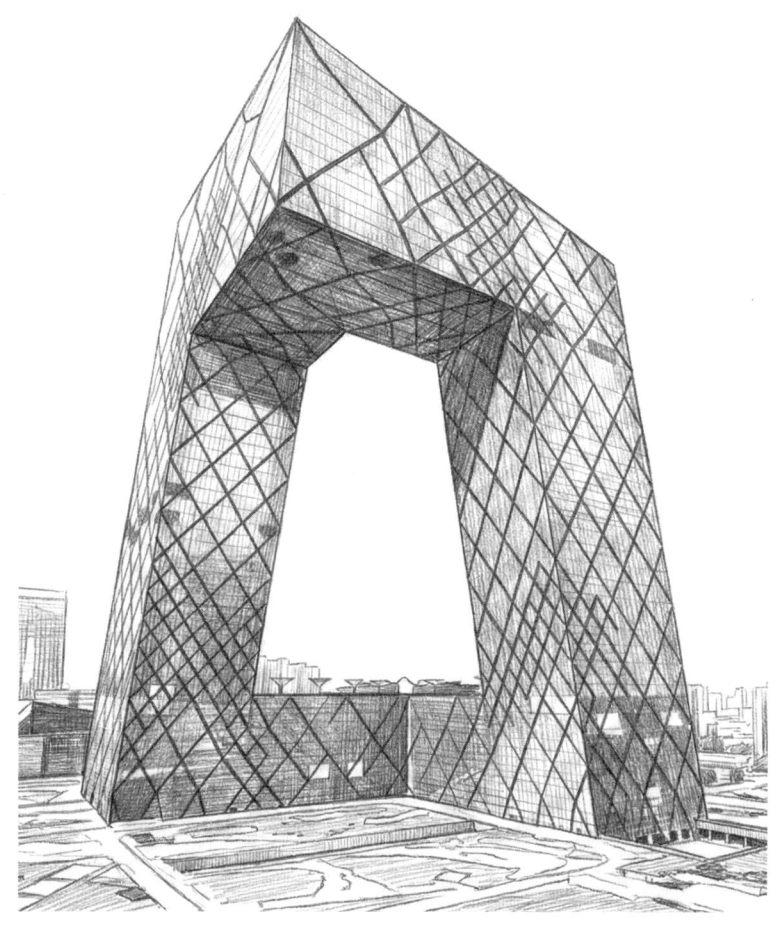

중국 CCTV 본사

설계는 네덜란드의 세계적인 건축가 렘 콜하스Rem Koolhaas와 올레 스히렌Ole Scheeren이 맡았다. 건축주인 중국 정부는 2008년 베이징 올림픽을 앞두고 이 건물을 방송국 이상의 존재로 기획했다. 단지 기능적인 본사가 아니라 '세계적인 랜드마크'를 지어 중국의 개방성과 도약의 의지를 건축적으로 보여 주고자 한 것이다.

그런데 이 도전적인 형태는 처음부터 끝까지 순탄하지 않았다. 건설 과정은 물론이고 완공 이후에도 기술적 논란과 각종 사건과 사고가 끊이지 않았다. 하지만 분명한 것은 이 건물이 현대 중국을 상징하는 강력한 이미지 중 하나로 자리 잡았다는 사실이다.

CCTV 본사는 공식 명칭보다 현지에서는 '큰 바지大裤衩, 다쿠차'라는 별명으로 훨씬 더 잘 알려져 있다. 이 별명은 거창한 상징성이나 철학적 의미와는 무관하게 건물의 형태가 바지를 연상시킨다는 직관적인 인상에서 비롯된 것이다. 사람들은 중국 정부가 의도했던 '개방성'과 '현대성'이라는 상징적인 의미보다도 오히려 독특한 실루엣에 먼저 반응했다.

하지만 이 건물의 디자인은 단순한 기하학적 장난이나 시각적 실험이 아니다. 렘 콜하스는 CCTV 본사를 통해 전통적인 초고층 타워가 갖는 수직적 위계 구조와 권위적 형식을 일부러 거부하고자 했다. 그는 '루프Loop'라는 개념을 설계에 도입해 직선으로 하늘을 향해 솟는 기존의 마천루와는 다른, 순환적이고 유기적인 형태를 구현했다.

CCTV 본사는 일반적인 방송국 이상의 의미를 갖기를 기대했다.

스튜디오, 사무 공간, 편집실, 송출 센터 등 내부의 모든 기능이 서로 연결되고 하나로 순환되도록 설계되었고, 이를 통해 건물 자체가 중국의 기술력과 문화, 정치적 의지를 담아내는 상징적인 구조물이 되기를 바랐다. 쿨하스는 이 건물이 물리적 공간을 넘어, 현대 중국의 정체성과 발전 방향을 건축 언어로 표현하는 하나의 선언이 되기를 원했던 것이다.

구조적인 측면에서도 CCTV 본사는 초고층 건축이 직면한 도전 과제를 극명하게 드러낸다. 비스듬히 기울어진 타워 2개가 상부에서 서로 연결되는 형태는 시각적으로도 강렬한 인상을 남기지만, 동시에 막대한 구조적 부담을 안고 있다. 이를 해결하기 위해 건물 외곽에 대각선 격자 형태의 다이아그리드 구조가 적용되었으며, 이는 단지 미적인 요소가 아니라 구조적 필수 장치였다.

특히 베이징은 지진 위험이 높은 지역이기 때문에 이 독특한 구조

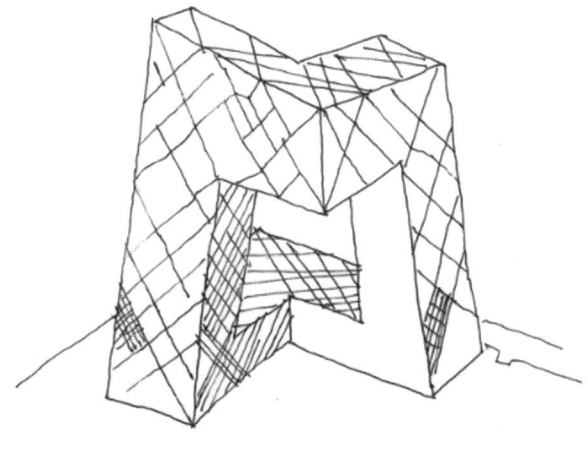

렘 콜하우스의 CCTV 스케치

가 안정성을 확보하기 위해서는 극도로 정밀한 공학적 계산이 요구되었다. 사실 타워를 연결하는 상부 구조는 외형적으로 하중을 견디기 어려워 보이지만 실제로는 양쪽 타워의 횡력을 분산시켜 전체 구조의 안정성을 높이는 역할을 한다. 또한, 이런 연결부 덕분에 건물 전체에 들어가는 보강 철근의 양도 상대적으로 줄일 수 있었다.

내부 공간 역시 기존 초고층 건물과는 전혀 다른 방식으로 구성되었다. 건물 중앙부에는 엘리베이터를 감싸는 단일 기둥만 남겨 두었고, 나머지 대부분의 공간은 기둥이 없는 대형 개방형 공간으로 설계되어 방송국으로서 기능적 유연성을 최대한 확보했다.

이 설계는 시각적인 실험에 그치지 않고 공학적 성취로도 높이 평가받았다. CCTV 본사는 2006년에 '세계 10대 현대건축물' 중 하나로 선정되었으며, 기존의 초고층 건축 방식과는 전혀 다른 구조적 접근 방식을 시도한 건축물로 기록되었다.

하지만 이 상징적인 프로젝트가 순탄했던 것만은 아니다. 본관과 함께 지어진 부속 건물에서 예기치 않은 사고가 발생했다. 2009년, 만다린 오리엔탈 호텔이 입주할 예정이던 부속동에서 정월 대보름 불꽃놀이 도중에 허가되지 않은 폭죽이 상층부에 착화되었고, 불길은 순식간에 건물 전체로 번졌다. 결국 44층 규모의 건물이 전소되었고, 이는 당시 큰 사회적 충격으로 남았다.

렘 콜하스는 전통적인 건축 질서를 거부하며, 형태적 실험을 통해 사회적·문화적 메시지를 건축에 담아내는 건축가로 잘 알려져 있다.

CCTV 본사는 그런 그의 철학이 가장 극명하게 드러난 사례 중 하나다. 수직적 권위의 상징인 기존 마천루의 형태를 지양하고, 비스듬히 기울어진 2개의 타워와 루프 형태의 연결 구조를 통해 중국의 개방성, 유연성, 변화하는 시대상을 건축적으로 표현했다. CCTV 본사는 21세기 중국 건축의 새로운 방향성을 제시한 기념비적 건물로 기술적 도전과 설계 혁신, 국가적 상징성이 결합된 결과물이었다.

"진정한 창조는
익숙한 질서의 파괴로부터 시작된다."
— 피카소

10장
사라진 디자인: 언빌트(Unbuilt)

SKYSCRAPERS

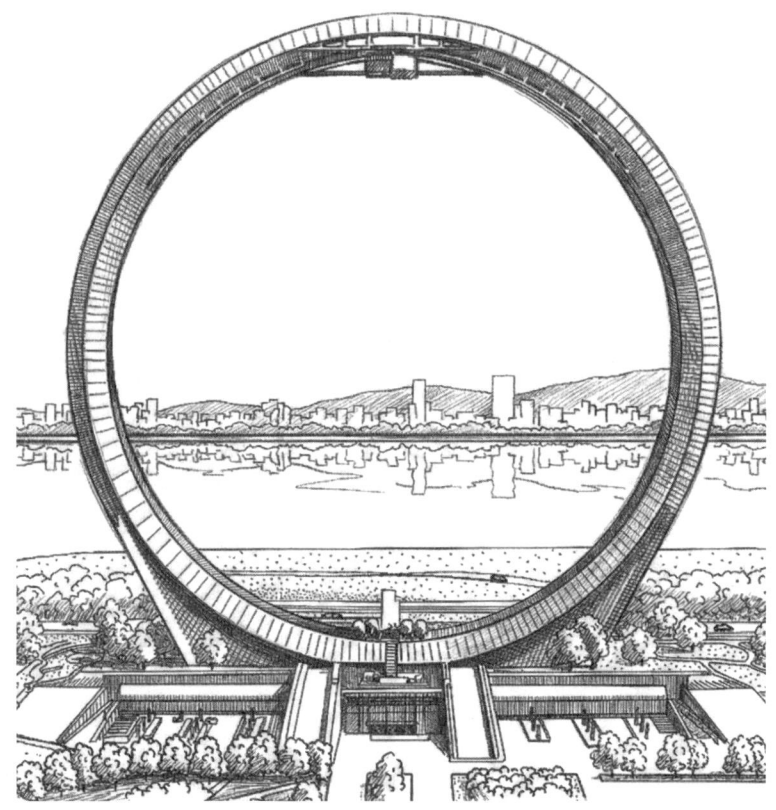

천년의 문

우리는 건축을 '세워진 것'으로 기억한다. 거대한 골조와 외벽, 그리고 도시 위에 우뚝 선 실루엣이 그 존재를 증명한다. 하지만 그 이면에는 결국 완성되지 못한 수많은 건축이 존재한다. 도면 위에만 머물렀던 설계안, 허가까지는 받았지만 끝내 착공하지 못한 프로젝트, 골조까지 올린 상태로 중단된 건물. 이들은 물리적으로는 사라졌지만 결코 존재하지 않았던 것은 아니다.

어떤 건축은 꿈이 너무 컸고, 다른 건축은 시대를 너무 앞질렀으며, 또 다른 건축은 감당할 수 없는 정치적인 벽에 부딪혀 멈춰 버렸다. 이 장은 바로 그런 이야기를 담았다. 실현되지 못한 초고층 건축과 미완의 구조물이 남긴 자취와 흔적이 던지는 질문에 대한 기록이다. 이것을 단지 실패로만 바라봐야 할까, 아니면 그 시대가 가진 야망과 한계, 기술적 도전의 결과로 남은 하나의 기록으로 바라볼 수 있을까.

완공되지 못한 서울의 문, '천년의 문'

우리나라에도 결국 완공되지 못한 건축이 있다. 바로 '천년의 문'이다.

1999년 김대중 정부 시절, 새천년과 2002년 한일 월드컵을 기념하기 위해 서울 상암 한강변에 세워질 국가 상징물로 기획되었다. 새천년준비위원회 위원장 이어령에서 기획하고, 문화관광부가 100퍼센트 출자해 만든 재단법인 천년의 문 이사장 신현웅이 주체가 되어 국제 설계공모전이 열렸다. 181명이 등록하고 36개 작품이 접수된 가운데, 심사위원 9명의 만장일치로 오퍼스 건축사사무소 우대성 소장과 이은석 경희대학교 교수의 공동안이 당선되었다.

당선작은 지름 200미터의 거대한 원형 구조물로, 일반적인 조형물이 아니라 관람차와 전망대, 전시장과 공연장을 통합한 복합 문화공간이었다. 원형 고리를 '문Gate'으로 삼아 새천년으로 들어가는 상징성을 표현했고, 평화와 번영, 영원한 시간을 의미하는 '링Ring' 개념을 담아냈다. 심사위원회는 이를 '서울의 새로운 랜드마크로서 충분한 가능성을 지닌 작품'으로 평가했다.

이 당선작이 주목받은 이유는 세 가지였다. 첫째, 상징성이다. 비움에서 시작되는 열린 문, 시간을 관통하는 역사성, 우리 민족이 세계문명 속의 주체로 서는 비전이 담겼다. 둘째, 슈퍼스케일이다. 반만년 역사에 걸맞은 초대형 기념물로서, 세계 주요 도시의 구조물을 능가하는 위용을 목표로 했다. 셋째, 단순성이다. 강력한 기념성은 단순한 형상에서 비롯된다는 믿음이었다. 물과 생명의 근원인 한강에서 출발하는 거대한 원형은 곧 우주의 상징이자 인류가 함께 모일 축제의 장으로 구상되었다.

그런데 이 거대한 이상은 곧 현실의 장벽에 부딪혔다. 설계공모 당시 예산은 300억 원으로 책정되었지만 기본설계 단계에서 이미 550억 원으로 늘었고, 최종 추산은 간접비와 부가세를 제외하고도 880억 원에 이르렀다. 하지만 확보된 국고는 85억 원뿐이었고 민간 투자 유치도 성과가 없어 향후 전망이 희박했다.

기술적 난관도 컸다. 풍동 실험 결과 안전성 문제가 드러났고, 설계 보완 과정에서 원형이 변형되면서 당초 당선작의 상징성이 크게 훼손되었다. 보완 설계가 이루어졌다고는 했지만 세계 최초의 직경 200미터 원형 구조물에 대해 확실히 검증된 사례가 없다는 점에서 불안은 해소되지 않았다. 두 차례 풍동 실험의 지연으로 2000년 12월에 예정이던 착공이 계속 미루어졌고, 월드컵 개막 전까지 외관 완공은 불가능해졌다. 또한 경실련·참여연대 등 시민단체가 예산 낭비라고 지적했고, 감사원과 국회 역시 사업 추진을 지속적으로 문제 삼았다.

그리고 2001년 3월 28일 오후 3시, 문화관광부는 보도자료를 통해 천년의 문 건립 중단을 공식 발표했다. 예산 부족, 안전성 논란, 민간투자 실패, 공사 지연, 시민단체의 반대가 모두 이유로 제시되었다. 재단 이사장과 임원진이 줄줄이 사임했고 결국 재단도 해산되었다. 당시 김한길 문화관광부 장관은 "문제가 훤히 드러나 보이는 사업을 무리하게 추진하는 것보다 중단하는 것도 용기"라고 말했다. 하지만 실질적인 배경에는 정치적 변화가 있었다. 새 장관의 부임과 함께 정책 방향이 바뀌었고, 종속적 위치에 있던 재단은 추진력을 잃었다. 정권 교체와 단기 성과 중심의 정치 구조 속에서 장기 비전을 요구하는 초대형 프로젝트는 버티기 어려웠던 것이다.

이와 달리, 절대 권력이 지속되는 체제에서는 상황이 달라진다. 북한의 주체사상탑, 개선문, 만수대 대기념비 같은 건축물은 체제 선전 수단으로 흔들림 없이 완공되었다. 한국에서 천년의 문이 무너진 배경과 대조적이다.

천년의 문은 끝내 서울의 하늘에 오르지 못한 채 사라진 설계도로 남았다. 하지만 그것이 남긴 흔적은 크다. 세계 최초의 초대형 원형 건축물을 현실로 구현할 수 있었던 기회를 놓쳤다는 점에서 아쉬움이 더욱 크다. 특히 런던아이가 임시 구조물로 지어졌다가 오늘날 영국을 대표하는 아이콘이 된 것과 비교하면 그 상실감은 뚜렷하다. 당시 구조적 안전성과 새로운 곤돌라 시스템까지 확보해 놓은 상황이었기에 '만약 완공되었다면 서울은 지금과 전혀 다른 도시적 풍경을 가졌을 것'이라는 아쉬움이 남는다. 천년의 문은 단순한 건축물이 아니라 시민 모두가 누릴 수 있는 공공의 자산, 국가와 서울을 상징하는 기념물이 될 수 있었기 때문이다.

그리고 20여 년이 지난 2023년, 서울시는 같은 장소에서 다시 한번 초대형 원형 관람차 프로젝트를 발표했다. 이름은 '서울링 제로'였다. 소식을 들은 많은 시민은 곧바로 기시감을 느꼈다. 위치와 구조, 공간 구상 모두 '천년의 문'을 떠올리게 만들었기 때문이다. 그래서 질문은 다시 반복된다. 서울링 제로는 과연 새로운 도전으로 실현될 수 있을까? 도시 아이콘에는 모든 건축 과정에 소토리가 있어야 한다. 건물은 눈을 즐겁게 하고 건물의 스토리는 가슴을 감동케 한다. 개인적으로 서울의 아이콘이 없어서 아쉬웠는데, 천년의 문의 실패 스토리가 서울링 제로의 성공 스토리로 이어졌으면 좋겠다.

도시의 아이콘은 단지 설계와 기술만으로 완성되지 않는다. 명확한 비전, 지속 가능한 추진력, 시민의 공감과 지지가 함께할 때 비로소 살아 있는 아이콘이 된다. 그것이 없다면, 아무리 웅장한 설계도라도 결국 다시 종이 위에서만 빛나게 될 것이다.

> "도시는 집단의 기억과 공유된 기대가 쌓여 만들어진다."
> ― 렘 콜하스

151층에 닿지 못한 꿈: 인천타워

송도 앞바다를 따라 바람이 불던 어느 날, 하늘을 꿰뚫을 듯 솟아오를 2개의 초고층 타워가 계획되었다. 그 이름은 '151 인천타워'. 한 도시가 세계 무대에서 존재감을 드러내기 위해 준비한 야심 찬 도전이었다. 높이 613미터, 지상 151층. 쌍둥이 형태로 설계된 이 초고층 건물은 완공된다면 세계에서 가장 높은 쌍둥이 빌딩이 될 예정이었다. 이 프로젝트는 단순한 상징물에 그치지 않았다. 주거와 업무, 관광과 문화가 어우러지는 복합도시의 심장부로 설계되었으며, 인천 송도국제도시를 세계적인 비즈니스 허브로 탈바꿈시킬 미래 전략의 중심이었다.

설계는 미국 애틀란타의 존 포트만 건축사무소John Potman Associates에서 맡았다. 개인적으로 20대 청년 시절에 싱가폴 마리나 스퀘어 현장에서 설계 도면으로만 접할 수 있었던 대가였는데, 이 프로젝트를 진행하면서 직접 만나고 설계에 직접 참여할 수 있어 영광이었다.

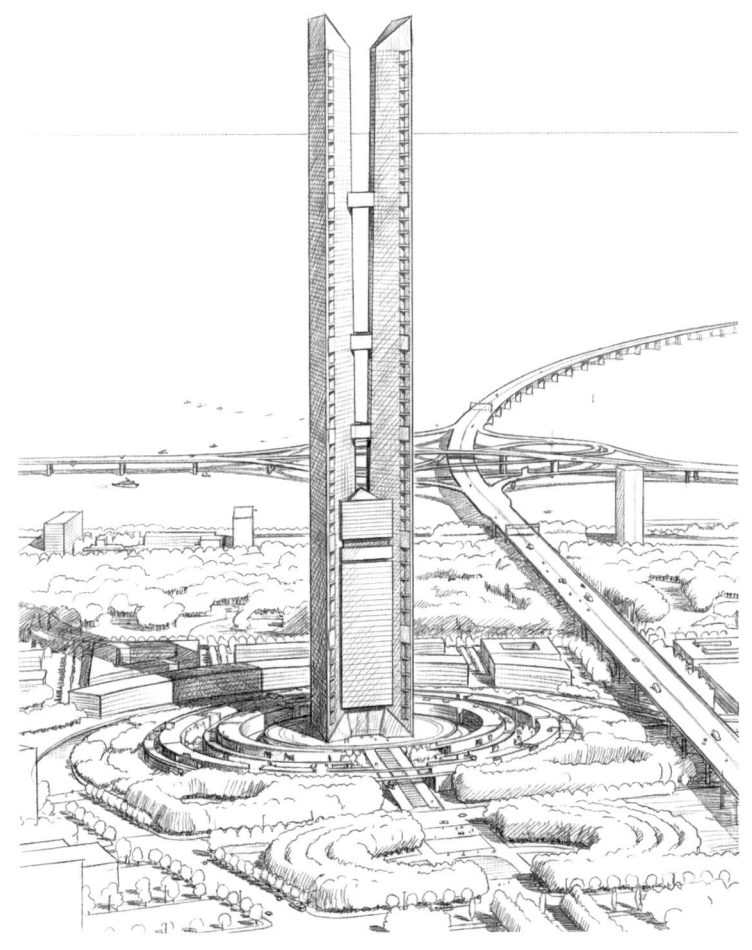

151 인천 타워

2008년에 마침내 첫 삽을 떴다. 국내 굴지의 건설사인 삼성물산과 현대건설이 손을 잡았고, 모두가 2013년 완공을 꿈꾸었다. 그런데 같은 해, 세계 금융위기가 덮쳤다. 위기는 예고 없이 찾아왔고 그 파장은 예상보다 훨씬 깊었다. 부동산 시장이 얼어붙자 초고층 건물에 대한 수요는 급격히 줄었고, 프로젝트의 명분도 흔들리기 시작했다. 일시적으로 건물의 높이를 151층에서 102층으로 낮추는 방안까지 검토되었지만 그조차도 현실로 이어지지 않았다. 시행사와 인천경제자유구역청 간의 입장 차가 끝내 좁혀지지 않았고, 공사는 점점 늦춰졌다. 무한히 솟아오를 것만 같던 설계는 결국 수치만 남긴 채 멈춰 버린 시간 속에 갇혔다.

2015년, 양측은 사업계획 조정에 합의하며 151층 계획은 공식적으로 종료되었다. 그러나 이 도시는 그렇게 쉽게 포기하지 않았다. 2016년에 현대건설이 단독으로 프로젝트 재추진을 시도했고, 2017년에는 또 다른 컨소시엄이 68층 규모의 수정안을 들고 나타났다. 한때 우선협상대상자로 선정되며 다시 한번 꿈을 꾸었지만 협상은 결렬되었고 이후에는 법적 소송까지 이어졌다. 재협상 끝에 2022년, 인천시는 새로운 카드를 꺼내 들었다.

이번에는 '매머드 타워'라는 이름으로 높이 420미터, 103층 규모로 계획이 변경되었다. 규모는 줄었지만 송도의 하늘을 향한 도시의 열망은 여전히 그 안에 담겨 있었다. 그러나 우리는 다시 묻는다. 건축물의 첫 번째 이름, '151 인천타워'는 과연 무엇이었는가? 그것은 단지

도면 위에 그려진 초고층 건축물이 아니었다. 도시가 스스로의 미래를 상상하고 한국 건축이 세계의 중심으로 나아가고자 했던 한 시대의 야망이었고 동시에 역사 그 자체였다. 비록 완공되지 못했지만 그 설계와 의지는 여전히 도시의 기록 속에 남아 있다. 그리고 이 도시는 또 다른 이름으로 그 꿈을 이어갈 것이다.

> "건축물은 최소한 두 개의 삶을 갖는다.
> 설계자가 상상한 삶과 그 이후 실제로 살아가는 삶.
> 그리고 두 삶은 절대 같지 않다."
> ― 렘 콜하스

멈춰 선 미래의 중심: 용산서울코어

도시는 끊임없이 변한다. 서울도 예외는 아니다. 특히 용산은 오랜 세월 동안 서울의 중심축을 상징하는 공간이었다. 한강과 맞닿은 지리적 조건, 군사적 역사, 도심과의 인접성은 이 지역을 대한민국 도시 개발의 상징적인 무대로 만들었다.

2000년대 후반, 서울시는 이곳에 그 어느 때보다도 거대한 초대형 프로젝트를 구상했다. 이름하여 '용산국제업무지구'. 세계적인 건축가들이 설계를 맡고, 111층에 달하는 초고층 빌딩이 들어서며, 한강변에 고급 복합단지가 조성되는, 말 그대로 서울을 뉴욕이나 런던과 같은 글로벌 도시로 탈바꿈시키겠다는 야심 찬 계획이었다.

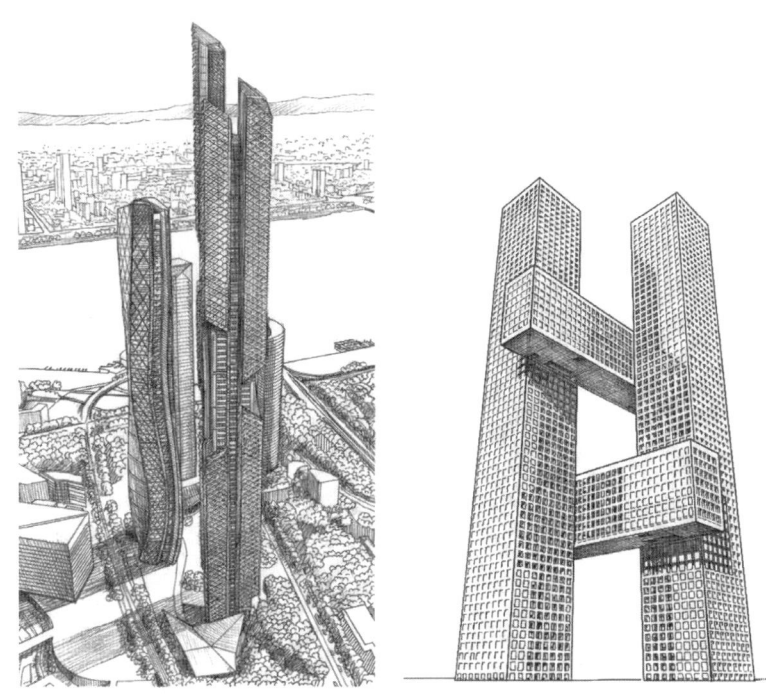

용산국제업무지구

    계획이 본격화된 것은 2005년이었다. 당시 철도청^{현재 코레일}은 용산 철도정비창 부지 약 37만 제곱미터를 개발하기로 결정하며 첫 걸음을 내디뎠고, 서울시는 이 부지를 글로벌 비즈니스 허브로 키우겠다는 청사진을 공개했다. 이는 서울의 중심축을 강남에서 용산으로 옮기겠다는 새로운 도시 비전이었다. 2007년에는 본격적인 실행 단계로 넘어갔다. 코레일은 삼성물산을 주축으로 한 민간 컨소시엄과 함께 '드림허브 PFV^{Project Financing Vehicle}'를 설립하며, 한국 도시 개발 역사상 최대 규모의 프로젝트가 시작되었다.

당시 수립된 마스터플랜은 매우 대담했다. 서울의 스카이라인을 송두리째 바꾸고, 동북아시아의 경제 허브로 도약하겠다는 구상이었다. 규모와 내용 면에서 지금까지 어떤 도시 개발과도 차원이 달랐지만 현실은 곧 이상을 가로막았다.

2008년, 전 세계를 강타한 글로벌 금융위기는 용산국제업무지구에도 직격탄이 되었다. 마찬가지로 부동산 시장이 얼어붙고 투자 심리가 급격히 위축되면서 자금 조달에 차질이 발생하기 시작했다.

여기에 내부 갈등도 겹쳤다. 코레일과 민간 사업자 간의 이견, 지역 주민과의 마찰, 그리고 중앙정부와 서울시 간의 정책 변화까지 복합적으로 얽히면서 프로젝트는 점차 방향을 잃어 갔다. 결정적인 전환점은 2013년이었다. 드림허브 PFV가 끝내 자금난을 버티지 못하고 법정관리에 들어가면서 결국 프로젝트는 공식적으로 중단되었다.

한때 아시아의 마천루를 꿈꿨던 초고층 빌딩군群은 단 한 층도 세워지지 못했고 큰 꿈은 허공으로 흩어졌다. 이후 오랫동안 서울 한복판, 그 최고 입지의 땅은 개발되지 않은 채 방치된 상태로 남았다. 인근에는 고층 아파트와 쇼핑몰이 속속 들어섰지만 이 부지만은 마치 시간에서 고립된 공간처럼 방치되어 있었다. '멈춘 도시', '방치된 중심'이라는 표현이 결코 과장처럼 들리지 않았다.

그런데 2018년부터 변화의 기운이 다시 감지되기 시작했다. 코레일이 관련 소송을 모두 마무리하고 부지 소유권을 회복하면서 개발 재개에 대한 기대가 점차 살아났다. 마침내 2022년 7월, 서울시는 용산

국제업무지구 개발구상으로 '용산서울코어'를 새롭게 발표했다. 과거처럼 초고층 랜드마크를 앞세운 대담한 계획은 아니었지만 기술과 혁신, 글로벌 경쟁력을 갖춘 새로운 도심 개발 전략으로 방향을 전환했다. 현재는 서울주택도시공사^{SH공사}와 코레일이 공동으로 사업을 추진 중이며, 2025년 착공을 목표로 구체적인 개발 계획이 논의되고 있다. 다만, 이전 계획처럼 111층 규모의 마천루가 세워질 가능성은 크지 않다.

그렇다면 이 지역은 다시 태어날 수 있을까, 아니면 또 다른 무산의 기억으로 남을까. 도시는 늘 재생과 실패를 반복한다. 용산국제업무지구는 대한민국 도시계획 역사상 가장 야심 찬 프로젝트 중 하나였고, 동시에 그만큼 좌절의 상처도 깊게 남았다. 그러나 이 부지가 다시금 꿈을 꿀 기회를 맞이한다면, 그 과거는 단순한 실패가 아니라 한 도시가 스스로를 시험했던 시간으로 기록될 것이다.

사라진 디자인은 반드시 사라지는 것만은 아니다. 그것은 단지 멈춘 것이 아니라 다음 시도를 위한 준비 과정이었다.

> "보존은 변화의 반대가 아니라
> 변화를 가능하게 만드는 도구다."
> — 렘 콜하스

서울의 더 나은 미래를 꿈꾸다: GBC

도시의 스카이라인은 그 시대가 품은 야망의 실루엣이다. 서울이

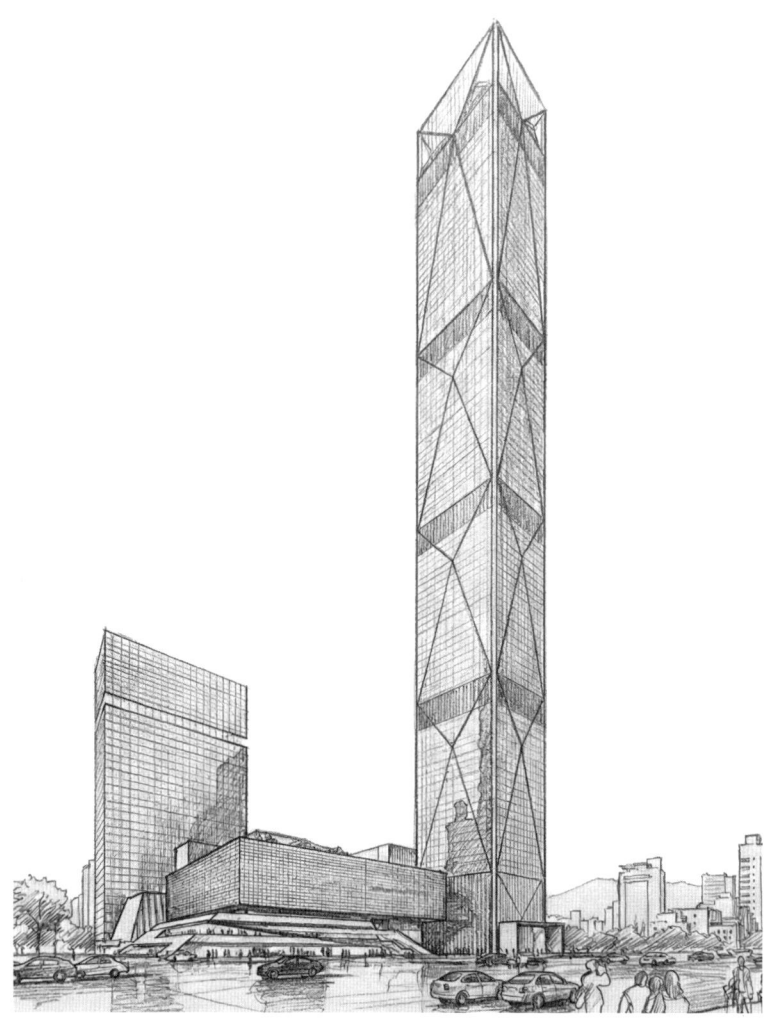

GBC

고층화의 길을 걷는 동안 롯데월드타워는 하늘을 찌르듯 솟아올랐고, 여의도와 강남 일대에는 유리와 철로 빚어진 고층 건물이 끊임없이 들어섰다. 그런 흐름 속에서 또 하나의 굵직한 이름이 등장했다. 바로 현대자동차그룹의 글로벌 비즈니스 콤플렉스, GBC Global Business Center다.

2014년, 현대자동차그룹은 서울 삼성동 한전 부지를 무려 10조 5천억 원에 매입하며 GBC 프로젝트를 공식적으로 시작했다. 이것은 일반적인 부지 매입 이상의 의미였다. 서울의 스카이라인을 새롭게 그리고, 현대자동차그룹의 기업 정체성과 미래 비전을 공간으로 선언하는 도전이었다. 당시 GBC의 계획은 그야말로 놀라웠다. 높이 569미터, 지상 105층의 초고층 타워를 중심으로 호텔, 전시·컨벤션 시설, 공연장, 상업시설 등이 결합된 초대형 복합단지를 조성하는 프로젝트였다. 설계는 미국의 초고층 전문 설계사인 SOM에서 맡았고, 계획대로라면 이 건물은 555미터의 롯데월드타워를 넘어서는 국내 최고층이자 세계에서도 손꼽히는 마천루가 될 예정이었다. 초기 계획 설계 단계에는 가능한 555미터를 넘지 않으려고 했지만 설계가 진행되면서 그런 겸손은 반영할 수 없었다.

그러나 꿈이 클수록 현실의 벽도 높았다. GBC 프로젝트는 시작부터 수많은 변수와 마주해야 했다. 가장 먼저 부딪힌 것은 건물 높이에 대한 문제였다. 국방부는 GBC의 높이가 성남 서울공항의 항공기 이착륙에 영향을 줄 수 있다며 제동을 걸었다. 500미터 이하로 고도를 낮추라는 국방부의 요구는 현대자동차 입장에서 단순한 기술적 조정이 아니라 브랜드 전략 자체를 수정해야 하는 문제였다. '국내 최고층'이라는 타이틀은 GBC가 가진 상징적 의미 중 하나였기 때문이다.

여기에 또 하나의 걸림돌이 더해졌다. 서울시에서 요구한 공공기여금이다. GBC 프로젝트로 예상되는 도로 교통 문제와 도시 환경 변화 등을 고려하여, 서울시는 무려 1조 7,400억 원에 달하는 공공기여금을 요구했다. 현대자동차는 이 조건을 수용했지만, 이후 찾아온 세계 경제의 불확실성과 자동차 산업 전반의 패러다임 전환은 프로젝트를 둘러싼 또 다른 고민을 낳았다. 모빌리티 산업은 일반적인 차량 제조를 넘어서 혁신의 시대로 진입하고 있었다. 현대자동차 또한 '미래 모빌리티'라는 키워드 아래 전기차, 자율주행, 스마트 도시 기술 등에 막대한 투자를 예고하던 시점이었다.

GBC는 전환기의 상징이자 동시에 하나의 시험대였다. 결국 2025년 2월, 현대차는 기존의 초고층 계획을 공식적으로 철회하고 새로운 설계안을 서울시에 제출했다. 105층 단일 타워 대신에 각각 54층 규모의 건물 3개를 세우는 변경안이었다. 이 변화는 단순한 규모 축소가 아니라 기업 전략의 근본적인 전환이 반영된 결정이었다. 기업의 미래가 더 이상 '높이'가 아닌 '가치와 연결'에 있다는 메시지였다. 새로운 설계안은 타워 간의 간격을 넓히고, 대규모 녹지를 확보하는 방향으로 조정되었다. 더 이상 높이로 경쟁하지 않아도 GBC는 여전히 서울 한가운데에서 '혁신'이라는 이름으로 기능할 수 있다는 신호였다.

GBC는 결국 초고층 빌딩으로 완성되지 못했지만 그것이 곧 실패를 의미하는 것은 아니다. 한 시대가 건축의 높이를 통해 기업의 위상과 도시의 존재감을 드러냈다면, 오늘날의 기업은 외형보다는 건축물 안에 담긴 비전과 지속 가능성, 사회적 가치로 평가받는다. 이미 서울에는 롯데월드타워라는 상징적 마천루가 존재한다. 그렇다면 서울에 또 하나의 569미터 초고층 빌딩이 반드시 필요한가라는 질문은 자연스럽게 제기된다. 이제는 단지 높이 경쟁이 아니라 더 나은 질문이 필요하다. '그 건물이 도시와 기업에 어떤 경험과 가치를 만들어 내는가', '어떤 메시지를 전달하는가', '누구를 위한 공간인가'라는 본질적인 물음 말이다.

GBC는 더 이상 하늘을 향해 뻗지는 않지만 여전히 서울 한복판에서 현대자동차그룹의 정체성과 미래 비전을 상징하는 공간으로 남아 있다. 건축의 야망은 물리적 형태를 바꾸었을 뿐이고, 그 속에 담긴 기업의 메시지와 도시적 기능은 여전히 유효하며 오히려 더 진화한 형태로 자리 잡고 있을 것이다.

비록 최초의 설계는 사라졌지만 어쩌면 그것은 더 현실적이고 더 적합한 모습으로 다시 태어난 것인지도 모른다. 중요한 것은 변화 속에서도 이 프로젝트가 멈춘 것이 아니라 끊임없이 진화하고 있으며, 현대자동차와 서울, 그리고 도시의 미래를 향해 계속해서 움직이고 있다는 사실이다. 그래도 100층 규모의 초고층 건물이 들어설 수 있는 유일한 입지가 사라지는 것은 아쉬움을 남긴다.

> "진보는 반드시 직선적이지도
> 언제나 수직적이지도 않다."
>
> ― 렘 콜하스

부산 바다를 품은 초고층의 꿈

부산은 늘 '제2의 도시'라는 수식어로 불리지만 그 안에는 해양과 무역, 산업과 관광이 어우러진 독자적인 도시 정체성이 분명하게 자리 잡고 있다. 그리고 한때 이 도시에 걸맞은 거대한 상징 하나가 계획되었다. 그 이름은 월드 비즈니스 센터. 바다를 내려다보는 초고층 마천루로, 부산의 야망을 수직으로 쌓아 올릴 계획이었다.

2005년, 솔로몬그룹이 해운대 센텀시티 내의 23블록 부지를 매입하게 되면서 월드 비즈니스 센터 프로젝트의 거대한 포문이 열렸다. 이곳에 108층, 높이 512미터의 마천루를 세우겠다는 구상이 발표되었는데, 당시로서는 전례 없는 규모와 상징성을 담은 설계안이었다. 만약 이 계획이 실현되었다면 부산은 서울과 어깨를 나란히 하며 국내 제2의 도시를 넘어 국제적인 비즈니스 도시로의 도약을 시도했을 것이다.

그러나 현실은 이상을 따라오지 않았다. 2008년 전 세계를 강타한 금융위기는 초고층의 꿈에도 예외가 아니었다. 부동산 시장이 급격히 얼어붙었고, 초고층 프로젝트에 필요한 막대한 투자금은 순식간에 허상으로 변했다. 솔로몬그룹은 끝내 자금 조달에 실패했고, 야심 찬 계

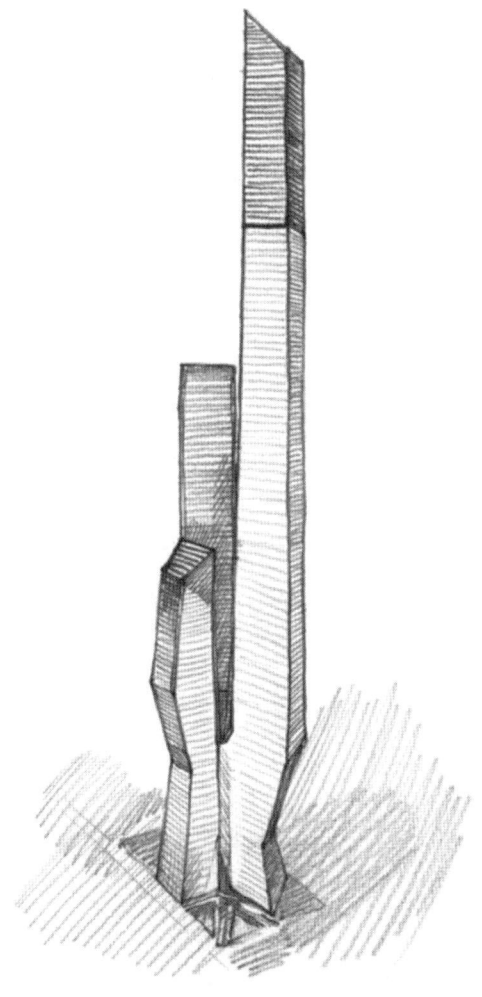

부산 월드 비즈니스 센터
©HEENAL

획은 뿌리를 내리지 못한 채 멈춰 섰다. 이후 부지는 우리저축은행을 거쳐 2014년에 동원개발로 넘어갔다. 하지만 새로운 주인 역시 이 초대형 프로젝트를 감당할 수 없었다. 동원개발은 결국 기존의 108층 설계를 공식적으로 포기하고 보다 현실적인 대안으로 선회했다. 그렇게 등장한 새로운 구상은 73층 규모의 생활형 숙박시설레지던스 2개 동이었고, 현재는 64층 2개 동으로 변경되었다.

도시의 스카이라인은 여전히 변화하고 있지만 그 높이는 한층 낮아졌다. 이제 이곳은 더 이상 세계에서 가장 높은 빌딩 중 하나가 되지는 않을 것이다. 그러나 그 변화는 단순한 축소가 아니라 부산이라는 도시가 가진 경제적 현실과 도시 구조의 특수성을 그대로 반영한다.

월드 비즈니스 센터만의 이야기가 아니다. 부산에서는 초고층을 향한 꿈이 반복적으로 그려지고 또 사라져 갔다. 롯데타워는 초기 107층 계획에서 300미터 규모의 전망 타워로 축소되었고, 해운대 LCT만이 유일하게 101층으로 완공되며 초고층의 꿈을 현실로 옮긴 사례로 남았다. 꿈은 원대했지만 그 끝이 모두 같지 않았다.

초고층 건물은 단지 높이만으로 경쟁하는 구조물이 아니다. 그 안에는 경제성과 기술력, 도시의 맥락과 주민의 감정, 그리고 한 시대가 품었던 기대와 열망이 복잡하게 응축되어 있다. 결국 월드 비즈니스 센터는 현실화되지 못했지만 그 과정에서 남긴 기록과 교훈은 지금도 여전히 유효하다. 한때의 실패가 도시의 상처로만 남지 않도록 우리는 그 흔적을 분명하게 기억해야 한다.

초고층은 도시의 욕망이 하늘을 향해 솟아오른 구조물이며, 그 위태로운 균형은 결국 사람들의 선택과 의지에 의해 유지된다.

"건축은 자연이 만들 수 없는 것이다.
그것은 부자연스럽지만 인위적인 것은 아니다."

— 루이스 칸

유령이 된 마천루, 톈진 117 빌딩

중국 톈진의 하늘에는 지금도 오래된 그림자가 드리워져 있다. 높이 596.5미터, 117층. 만약 완공되었다면 세계에서 두 번째로 높은 건물이 되었을 이 빌딩은 현재 '세계에서 가장 높은 폐건물'이라는 이름으로 존재한다. 정식 명칭은 골딘 파이낸스 117이지만 사람들은 더 직설적으로 '좀비 타워'라고 부른다.

톈진은 과거 '북경의 관문'으로 불리던 도시였다. 중국의 4대 직할시 중 하나인 이 도시는 베이징과 상하이에 견줄 수 있는 새로운 금융 도시로 도약하기 위해 공격적인 개발 전략을 선택했다. 2008년에 골딘 금융 그룹은 빈하이 신구를 중심으로 국제 금융 허브를 조성하겠다는 계획을 발표했고, 그 비전의 상징이 바로 이 초고층 빌딩이었다. 금융 본사, 럭셔리 호텔, 고급 오피스가 결합된 복합 타워로 설계된 이 건물은 톈진의 미래 비전이자 도시의 자존심을 담은 전략적 선언 그 자체였다.

하지만 이 모든 과정은 너무 빨랐고 동시에 너무 무리였다. 당시 중국의 도시 개발 방식은 수요 예측보다 상징과 과시가 앞서는 구조였고, '일단 짓고 보자'는 식의 개발 논리가 지배했다. 건설은 야망의 또 다른 이름처럼 진행되었다. 골딘 금융 그룹은 거대한 자금을 투입해 초고층 건설에 착수했지만 프로젝트가 중반을 넘어서면서부터 균열이 드러나기 시작했다.

총 건설비는 약 700억 위안, 한화로 약 13조 원에 달했다. 하지만 2015년을 기점으로 그룹의 재정은 급격히 흔들리기 시작했고, 기대했던 해외 투자 유치 역시 실패로 돌아갔다. 부동산 매각을 시도했지만 시장의 반응은 냉담했다. 결국 시장은 이 빌딩을 감당할 준비가 되어 있지 않았던 것이다.

톈진시는 연내 완공을 목표로 프로젝트 재추진에 나섰지만, 이번에는 팬데믹이라는 예상치 못한 위기가 덮쳤다. 결국 골조는 완성되었으나 전기, 수도, 엘리베이터 같은 핵심 인프라는 설치되지 못한 채 공사가 중단되었다. 외형만 보면 완성된 것처럼 보이지만 그 내부는 텅 비어 있다. 불이 들어오지 않는 창문, 닫히지 않는 문, 오르지 못하고 멈춰 버린 엘리베이터만이 존재할 뿐이다.

한때 세계의 이목을 집중시켰던 이 마천루는 이제 아무도 찾지 않는 이름뿐인 '좀비 도시'의 중심에 조용히 서 있다. 건물 주변에는 여전히 미완성 상태로 방치된 건물과 텅 빈 부동산 개발 부지가 가득해서 이 지역은 '폐건물촌', '유령 도시', '좀비 타운'이라고 부른다.

이곳은 단지 한 번의 실패로 끝난 프로젝트가 아니다. 그곳은 지나쳐 버린 미래의 잔해이자 무너진 경제 시스템의 구조적 흔적이다. 117 빌딩은 일반적인 자금난으로 멈춘 건물이 아니다. 이 거대한 구조물은 중국식 개발 시스템의 구조적 한계를 드러내는 명확한 건축적 증언이다. 빠른 성장을 향한 국가의 욕망, 도시 브랜드 경쟁, 부채에 의존한 개발 모델. 그 결과는 화려한 외관 뒤에 남겨진 거대한 방치였다.

'우리는 과거를 짓고 있었던 것일까, 아니면 미래를 파괴하고 있었던 것일까.'

이 질문은 여전히 톈진의 하늘에 남아 있다. 참고로 이전까지 세계에서 제일 높은 폐건물은 지상 101층 규모의 평양 류경호텔로 1989년에 공사가 중단되었다.

> "비어 있는 건물만큼
> 실패한 건축을 증명하는 것은 없다."
>
> ― 다니엘 리베스킨트

Skyscrapers

에필로그:
지속 가능한 초고층의 미래

초고층을 오래 바라볼수록 한 가지 사실이 또렷해진다. 도시의 가장 높은 구조물은 늘 시대의 속도를 가장 먼저 드러낸다는 점이다. 과거의 초고층이 도시의 권력과 경제력의 표식이었다면, 이제 우리는 그 건물이 앞으로 얼마나 오래, 어떻게 변화하며 살아남을 수 있는지를 먼저 묻는다. 이 변화의 방향은 어느 한 나라의 흐름이 아니라 세계 곳곳에서 동시에 나타나고 있다.

세계초고층도시건축학회CTBUH에서 최근 발표한 초고층의 새로운 트렌드는 오늘날 초고층이 어떤 관점에서 이해되고 있는지를 명확하게 보여 준다. 가장 먼저 눈에 띄는 것은 수직 도시Vertical Cities라는 개념이다. 초고층은 더 이상 단일 기능의 건축물이 아니라 생활·문화·업무·서비스가 수직적으로 결합된 도시의 형태로 확장되고 있다. 박물관, 미술관, 다이닝, 교육시설이 상층부로 올라가고, 타워 하나가 도시의 높은 지점까지 일상을 끌어올리는 방식이다.

또 다른 흐름은 도시 구역 개발District Development이라는 전략적 관점이다. 부르즈 칼리파나 메르데카 118처럼 초고층은 주변의 공원·교통·리테일을 연결하는 도시 구조의 중심축이 되며, 건물 하나의 가치가 아니라 수십 헥타르에 달하는 도시 구역 전체의 가치를 재편하는 인프라로 작동한다.

전망대를 넘어선 역할Beyond Observation이라는 개념도 주목할 만하다. 전망대는 이제 조망을 위한 공간이 아니라 건물의 서사를 체험하고 도시의 시간을 감각적으로 읽어 내는 장소가 되었다. 스토리텔링 엘리베이터, 인터랙티브 콘텐츠, 체험형 스카이데크는 건물의 브랜드를 형성하는 핵심 장치가 되고 있다.

특히 바람을 다루는 설계Taming the Wind는 구조기술이 곧 디자인 언어가 되는 시대를 열었다. 종횡비가 극단적으로 높은 슬렌더 타워가 등장하며 바람·진동·체감 흔들림을 제어하는 기술은 안전성과 정체성을 동시에 결정하는 핵심 요소가 되었다. 형태를 비틀거나, 외피에 개구부를 두거나, 댐퍼 자체를 건축의 상징으로 드러내는 방식은 도시마다 새로운 표정을 만들어 내고 있다.

이 흐름은 초슬림 타워Thin Is In의 확산으로 이어진다. 토지 희소성과 조망권 가치가 결합되면서 극단적으로 얇고 높은 형태가 도시의 새로운 유형으로 자리 잡았다. 주거층을 가능한 한 높은 곳에 올리고, 아래에 부가기능을 배치하는 방식은 공간·경제·경관을 동시에 설계하는 방식이기도 하다.

　이런 변화는 하나의 결론으로 이어진다. 초고층은 더 복합적이고, 더 입체적이며, 더 유연한 방향으로 이동하고 있다. 건물 하나가 도시 전체의 사고방식을 바꿔 놓을 수 있는 시대다. 초고층은 결국 시대의 의지를 가장 먼저 드러내는 구조물이다. 높이 그 자체가 아니라 높이를 통해 드러나는 도시의 가치관과 사고방식이 중요해지고 있다. 이 흐름을 따라가다 보면 초고층이 단순한 기술의 결과물이 아니라 도시가 무엇을 고민하고 있는지를 보여 주는 지표라는 사실을 깨닫는다.

　100년 전에 마천루가 등장했을 때 사람들은 묻고 또 물었다. '얼마나 더 높이 올라갈 수 있는가.' 그러나 오늘 우리가 던지는 질문은 분명히 달라졌다. '이 거대한 구조물이 100년 후에도 유효한 공간일 수 있는가.' 건축물의 물리적 수명이 보통 40~60년으로 평가되는 시대에 초고층은 그 기준을 뛰어넘어야 한다. 더 오래, 더 유연하게, 더 다양한 변화를 흡수하며 존재해야 한다. 그 핵심은 용도의 고정이 아니라 용도의 전환 가능성에 있다.

　이 점을 가장 정확하게 보여 준 도시는 뉴욕이다. 팬데믹 이후 오피스 기능만으로는 도시가 지속 가능하지 않음을 경험했고, 기존 오피스 타워를 주거와 호텔로 전환하는 흐름이 빠르게 확산되고 있다. 초고층이라는 이유만으로 용도를 고정한다는 개념은 이미 오래전에 무너졌다. 기능이 변하지 못하면 건물은 시대보다 먼저 낡아 버린다. 초고층은 '도시가 미래를 실험하는 플랫폼'이 되어야 한다. 기술과 교통, 에너지 체계가 빠르게 전환되는 시대에 변화를 고려하지 않은 초고층은 10년만 지나도 뒤처질 수 있다. 초고층의 진정한 가치는 높이가 아니라 적응력에 있다.

이 질문은 우리나라 초고층에도 그대로 적용된다. IMF 이후 도곡동 삼성 타워팰리스와 목동 현대 하이페리온이 들어서며 한국은 초고층 시대의 문을 열었다. 나는 이 두 프로젝트에 참여하면서 초고층이 기존 고층 건축과 무엇이 다른지를 직접 경험했고, 세계적인 기술자들과 만나면서 새로운 기준을 배웠다.

그로부터 약 28년이 지난 지금, 서울의 강남·여의도, 부산 해운대를 중심으로 재건축 아파트가 초고층 주거타운으로 부상하고 있다. 그런데 최근의 흐름은 과거와 다르다. 대부분이 사무실이나 주상복합이 아니라 아파트 중심의 초고층 계획이며, 단지 내부에 1~2개 동의 초고층이 배치되는 형태가 많다.

이 경우 고층동과 초고층동 사이에서 관리·운영·계획상의 문제가 발생할 가능성이 크며, 공사비와 공사기간, 설계비와 유지관리비는 일반 고층에 비해 기하급수적으로 증가한다. 그럼에도 이런 문제를 충분히 고려하지 않은 채 초고층을 단지 형태로만 이해한 계획이 반복되고 있다.

초고층은 건설 단계만 보아서는 판단할 수 없다. 탄생부터 운영과 유지관리, 그리고 사망에 이르기까지 100년이라는 생애 주기를 바라보며 계획되어야 한다. 이 과정에서 가장 중요한 것은 변화할 수 있는 구조와 변화할 수 없는 구조를 분리하는 일이다. 건물은 변화하는 것과 변화하지 않는 것이 유기적으로 조화를 이루어야 한다.

현대의 초고층은 기계적 장치 없이는 사용할 수 없다. 하지만 기계 설비의 수명은 10~20년에 불과하고 기술의 발전 속도는 훨씬 빠르다. 따라서 변화하는 요소는 구조체와 분리되도록 설계해야 한다. 앞으로 로봇, 자율주행, 드론·UAM, 탄소배출 제어 기술, 스마트 운영 시스템과 제로 에너지 개념 등이 도입될 가능성이 높다는 점에서 변화할 수 없는 구조와 변화해야 하는 구조를 명확하게 구분하는 방식이 필요하다. 런던의 리든홀 빌딩에서 리처드 로저스는 비행기 제작 방식에 쓰이는 DfMA$^{Design\ for\ Manufacture\ and\ Assembly,\ 제조·조립용\ 설계}$를 초고층 건축에 적용했다. 이는 단순한 형태가 아니라 '건축의 생애를 길게 바라보는 방식'에 대한 하나의 답이었다. 미래의 건설은 일반적인 건설^{Construction}이 아니라 제조·가공^{Fabrication}과 조립·설치^{Installation}로 이동할 것이다. 현장이 아닌 탈현장 시공이 초고층의 새로운 기준으로 자리 잡게 될 것이다.

결국 초고층이 나아가야 할 방향은 한 문장으로 정리된다. 유연하게 변화할 수 있는 건축만이 오래 남는다. 찰스 다윈의 말처럼 "지속 가능한 것은 변화를 수용하는 것이다." 초고층의 미래를 가장 정확히 설명하는 말이기도 하다.

이 책을 마무리하며 다시 느끼는 점이 있다. 초고층을 설계하는 일은 눈에 보이지 않는 위험을 계산하고, 도시의 보이지 않는 균형을 조정하는 일이다. 그러나 그 과정의 끝에는 언제나 '사람'이 있다. 도시에서 살아가는 사람, 건물 안에서 하루를 보내는 사람, 그리고 다음 세대가 물려받을 공간을 고민하는 사람. 그들을 생각할 때 비로소 초고층 건축의 의미가 선명해진다.

돌아보면 이 책은 한 사람의 경험만으로 완성된 것이 아니다. 수많은 현장과 시간을 지나며 배운 것들, 함께 고민하고 조언해 준 사람들, 그리고 지치지 않도록 곁에서 힘이 되어 준 이들이 있었기에 비로소 끝까지 이어 올 수 있었다. 그 모든 순간을 떠올리며, 건축은 결국 '여러 사람이 함께 하는 일'이라는 생각을 한다. 초고층에서 가장 중요한 것은 소통이라는 사실을 이 책의 마지막 문장으로 남긴다.

'초고층은 소통이다.'

감사의 말

이 책의 긴 여정을 마무리하는 순간, 제일 먼저 떠오른 마음은 감사였습니다. 먼저 건강을 회복할 수 있도록 이끌어 주신 하나님께 깊이 감사드립니다.

30년 동안 국내외 수많은 초고층 건물의 구조설계에 관여했지만, 그때그때 느꼈던 기억을 책으로 남길 용기와 기회를 주신 지식의날개 출판사에 감사드립니다. 그리고 기록을 함께 정리해 주신 김선이 씨와 마무리 작업을 맡아 준 김수나 이사님께 고마움을 전합니다. 삽화를 그려 주신 '희날HEENAL'의 김도연 작가님 역시 이 책의 완성도를 높여 준 소중한 분입니다.

세계초고층도시건축학회CTBUH를 통해 세계 여러 건축가와 구조공학자를 만날 수 있었고, 그 인연을 이어 주신 고려대학교 김상대 명예교수님께도 마음 깊이 감사드립니다.

마지막으로, 이 책의 첫 독자이자 가장 솔직한 비평가 역할을 해 준

두 아들 동현이와 동호에게 특별한 감사를 남깁니다.

여러분의 격려가 저에게 무엇보다 큰 힘이 되었습니다. 이 책에 담긴 작은 기록이 앞으로의 초고층을 더 단단하게 만들고, 도시의 가장 높은 구조물에 담긴 우리의 고민이 결국 더 나은 삶을 향한 길로 이어지기를 바랍니다.

"내가 가는 길을 그가 아시나니

그가 나를 단련하신 후에는 내가 순금같이 되어 나오리라."

(욥기 23장 10절)

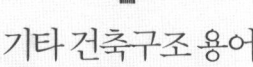

기타 건축구조 용어

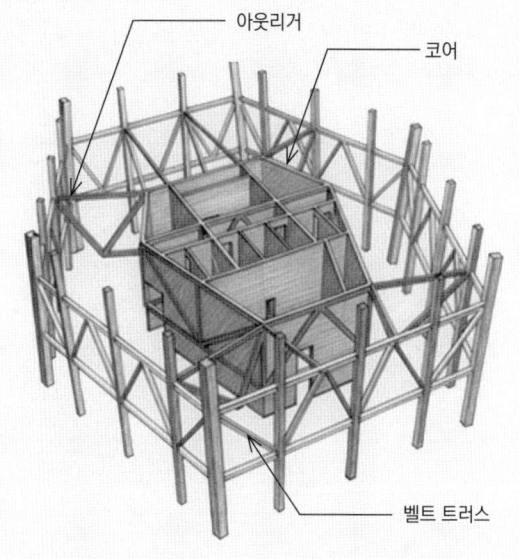

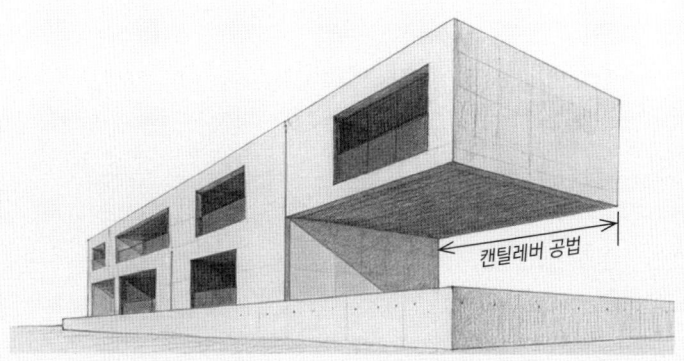